언플러그드

Unplugged

더 이상 하나되지 않는 연인들을 위한 몸과 마음의 대화

언플러그드

Unplugged

상담사 치아

책들의 정원

프롤로그

사랑 때문에
마음 아픈 사람들을 위한
위로의 한 마디

아무리 자의식이 강한 분도, 수많은 경험으로 마음에 단단하게 인내의 굳은살이 박인 분도, 살다 보면 이야기를 나눌 '사람'이 필요한 때를 만나게 됩니다. 그렇다고 그 '사람'에게 세상 누구도 몰랐을 엄청난 해법을 기대하는 것은 아닙니다. 당장 나의 고정관념을 바꿔줄 대단한 조언이 나올 리 없다는 것도 잘 압니다. 우린 그저 '나의 이야기를 들어줄 사람'이 필요한 것입니다. 고통은 나누면 반으로 줄고 기쁨은 나눌수록 배가 된다는 말은, 아마 세상이 멸망할 날까지도 변하지 않을 진리이기 때문입니다.

그렇게 시작했습니다. 그저 다른 분의 이야기를 들어 드리자는 생각에서 말입니다. 누군가와 얼굴을 마주하며 내 안의 이야기를 하는 것이 낯설거나 두려운 사람을 위해, 상담은 받고 싶지만 많은 돈이 들까 봐 걱정하는 사람을 위해, 누가 들어도 욕만 먹을 것 같은 이야기라고 생각해 아무에게도 꺼내놓지 못하는 사람을 위해, 그분들의 이야기를 소중하게 듣는 '온라인 상담'을 시작하자고 말입니다. 그렇게 사람에 대해 공부한 지 14년 만에 '블로그'라는 통로를 통해 하루 평균 열 분 이상의 '사는 이야기'를 듣고 있습니다.

'상담'이라는 직업에서 가장 중요하고 필요한 덕목은 '공감'입니다. 상담사가 내담자의 상황이나 이야기에 공감하지 못하면, 내담자와의 신뢰관계인 이른바 '라포(rapport) 형성'에 실패하여 결국 성공적인 상담을 할 수 없기 때문입니다. 하지만 상담사가 반드시 갖춰야 할 이 '공감'이란 덕목은 때로 상담사에게 치명적인 '독'이 되기도 합니다. 상담사를 찾아야 할 만큼 피가 나고 아픈 마음의 상처들을 지닌 내담자에게 깊이 공감할수록 상담사의 마음에도 비슷한 상처들이 생기고, 밤이 되면 그야말로 시체처럼 녹초가 되어버리기 때문입니다. 이 땅의 많은 상담사분들은 그렇게 타인의 아픔을 보듬어 안고 매일 밤 뒤척이며 잠이 들곤 합니다.

다행히도 상담사에겐 특별한 능력이 하나 있습니다. '마음을 건강하게 다스리는 법'에 관해 여러 해 배우고 또 배우고, 실습하고 또 실습하면서 쌓아온 그 능력은, 다음 날 언제 그랬냐는 듯이 다시 웃으며 또 다른 내담자의 사연을 만날 수 있게 해줍니다. 그렇게 상담사도 내담자의 사연과 함께 매일매일 조금씩 더 성장해가는 것입니다.

이 책에는, 굳이 상담사를 찾지 않고 가볍게 자신의 마음을 어루만질 수 있게 하기 위한, 다양한 아픔의 사례와 위로의 말이 담겨 있습니다. 살면서 고민이나 상처에 맞닥뜨려 힘들어질 때 그와 유사한 사연의 위치를 찾아 읽으시면 됩니다. 아마 사연을 읽는 것만으로도 세상에 나와 비슷한 아픔으로 힘들어하는 사람이 있다는 사실에 위로를 받게 되실 겁니다.

상담사 치아 드림

2020년 8월

차례

프롤로그

1장 | 너와 내가 하나되지 못하는 이유

2장 | 불완전하기에 사람은 사람을 찾는다

3장 | 애써 외면해왔던 감정과 마주보는 순간

4장 | 행복하기 위해 버려야 하는 것들

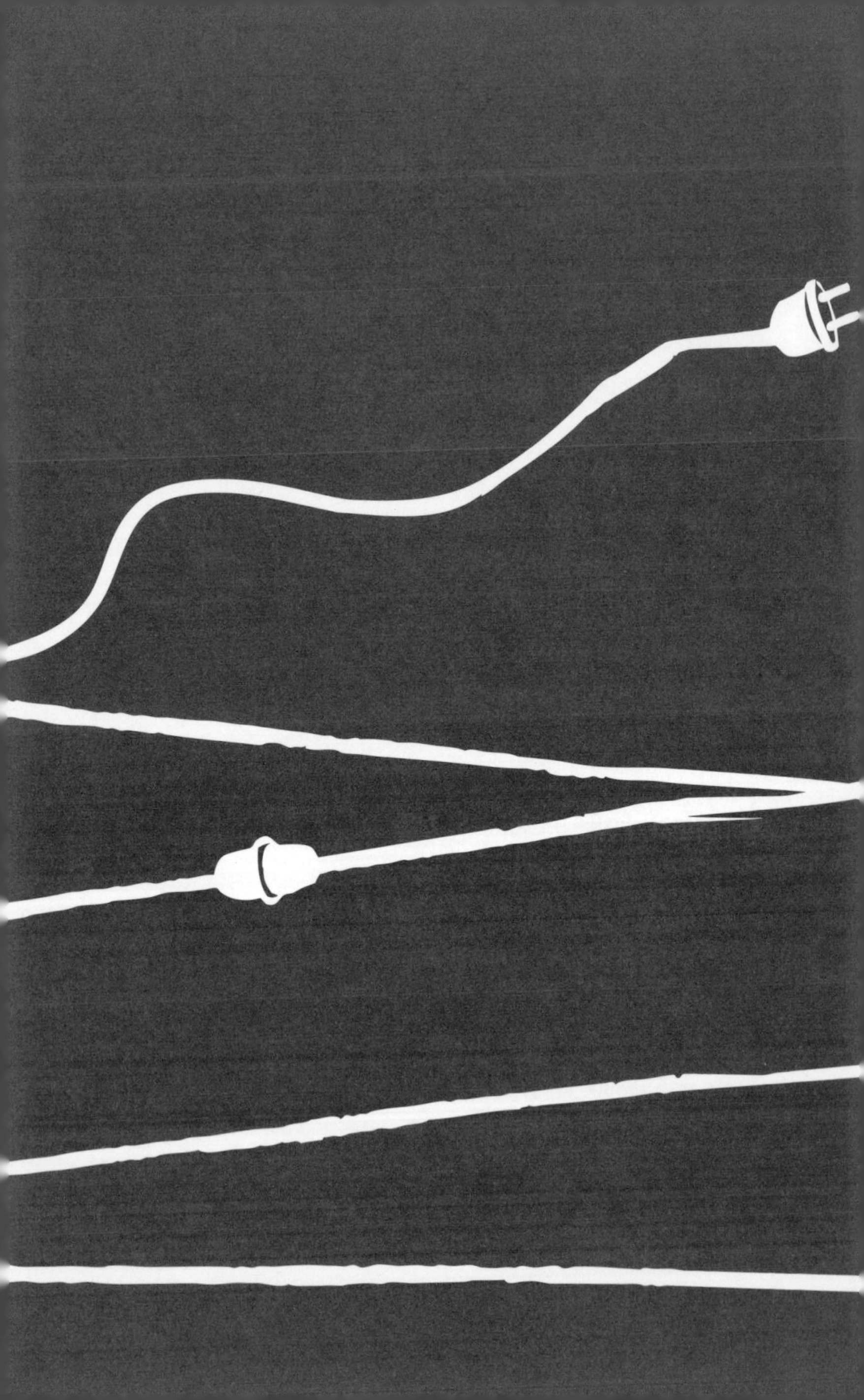

1장

너와 내가
하나되지 못하는 이유

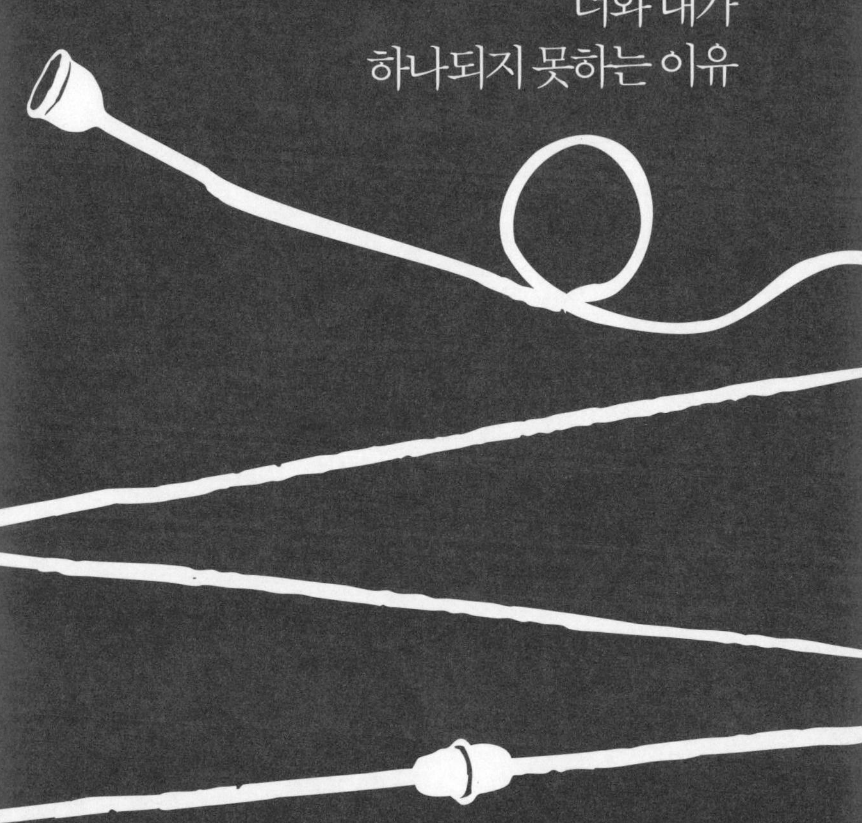

연인의 이성 친구,
어디까지 허용해야 할까?

Q 남자친구에게 집착합니다

저는 남자친구 주변 여자들(여자 사람 친구이건 여자 선배이건 간에)과 나를 비교하면서 힘들어합니다. 이럴 때 남친이 어떤 상황에서도 무조건 내 편을 들어주었으면 좋겠는데, 종종 '합리적'이라는 명분으로 나를 서운하게 합니다.

결국 사랑하는 것은 오로지 우리 둘인데, 그 감정을 쉽게 떨쳐내지 못하고 서운해서 징징대는 것 같습니다. 이런 패턴으로 그의 마음을 생각하다 보니, 서운함이 쌓입니다. 서운함을 쌓아 둔다는 것은 제 자신을 힘들게 할 뿐임을 알지만, 마음대로 되지 않아 속상합니다.

남친을 진심으로 사랑하고 싶습니다. 아이같이 떼쓰고 서운해하는 마음이 아닌, 그를 내 사람이라고 생각하는 마음이요. 특히나 그가 기분 좋은 일이 있을 때, 나로 인한 게 아니면 질투심이 생깁니다. 다만 속 좁은 모습이 티가 안 나게 다스려요. 하지만 표현하지 않으니 더 힘듭니다. 곧 깨질 듯

한 유리 심장 같습니다.

제 마음은 오로지 그를 향해 있습니다. 하지만 저를 향한 그의 마음은 덜하다는 생각이 자꾸 듭니다. 점점 더 그런 생각 속에 빠져 허우적대면서 사는 것 같아요. 그만 그 굴레에서 벗어나 시원한 공기 마시며 자유롭고 싶습니다. 삐딱한 시선 없이 따뜻하게 온전하게 사랑하고 싶습니다.

A 집착은 사랑을 병들게 합니다

사랑하는 사람이 온전히 내 편이길 바라는 마음은 지극히 자연스러운 감정입니다. 어쩌면 그것이 사랑하는 이유이기도 합니다. 따라서 소유나 집착, 욕심의 감정을 느끼는 것 때문에 자책하실 필요는 없습니다. 다만, 그런 감정을 느끼는 것과 그런 감정에 의해 상대를 압박하며 표현하는 것은 차이가 있습니다.

한 연인이 있습니다. 결혼을 약속한 두 사람이지만 남자 쪽의 여자 사람 친구로 인해 싸우는 일이 잦았습니다. 남자는 아무 사이도 아니라고 합니다. 그저 그녀의 개인사가 다소 안쓰러워서 연민의 마음을 갖고 있고, 우정이 오래되어서 여자로 보이지도 않는다고 합니다. 하지만 여자가 보기에 그 여자 사람 친구가 보낸 문자메시지를 보면 영락없이 연인에게 보내는 내용들입니다.

남자는 "앞으로 살면서 우리 일만으로도 벅차고 다툴 일이 생기게 될지도 모르는데 왜 다른 사람 때문에 우리가 매번 싸워야 하니? 오빠가 약속할게. 자꾸만 힘들게 하고 상처받게 해서 미안해"라고 말해주지만 그럴수록 여자는 자신이 남자에게 하는 행동들이 더 유치하고 치졸하게만 느낍니다.

물론 남자가 좀 더 단호하면 좋을 것입니다. 오랜 친구이기에 아예 연을 끊을 수는 없겠지만 적어도 오해받을 가능성 자체를 차단해버린다면 사연 주신 분이 지금보다 훨씬 마음 편해질 수 있으니까요. 하지만 약혼자분이 그렇게 행동하신다고 해도 안타깝게도 100% 완전히 벗어날 수는 없습니다.

여기서 여자는 이미 그 여자 사람 친구를 '남자친구의 여자'로 설정하였습니다. 즉 여자의 마음속에서 남자친구가 이미 숨겨둔 여자가 있게 되어버린 것입니다. 그 여자가 친구이건 회사 동료이건 술집 여자건 그런 건 하나도 중요하지 않습니다. 내 남자에게 여자가 있다는 사실, 나에게는 그것이 본질이니까요. 전화번호를 차단하건, 카톡을 지우건, 친구와의 연을 끊건, 약혼자분이 그 어떤 행동을 해도 여자의 마음에 평화는 오지 않습니다. 내 안에 견고하게 자리 잡은 그 설정이 바뀌지 않는 한, 남자의 어떤 행동도 100% 확신을 줄 수는 없으니까요. 앞으로도 어느 날 남자가 집에 늦게 오거나 외박을 하거나 조금이라도 자신을 소홀하게 대하거나 기념일을 잊는 날이면 '내 남자는 숨겨둔 여자가 있는 남자'라는 그 설정이 본인의 생각 속을 어김없이 다시 후벼 파고들어 오게 될 것입니다.

객관적으로 같은 남자가 볼 때 약혼자분은 '참 좋은' 남자입니다. 가슴 아픈 가정사를 지니고 있어 연민을 느끼던 친구의 과도한 애정 표현에도 말려들어 가지 않고 넉넉하게 친구로서 행동해왔고, 중요한 정도로는 비교도 안 되겠지만 알고 지낸 시간으로 보면 여자친구보다 훨씬 오래된 인연임에도 "끊겠다. 미안하다. 네 마음 상하게 해서 면목 없다"라며 지속적으로 여자친구를 달래주고 있으니까요.

다른 가정을 한번 해볼까요?

단호하게 여자 사람 친구와의 인연을 잘라내고 두 분이 행복하게 결혼했다고 생각해봅시다. 그런데 시간이 흘러 어느 날, 남편의 의도와 상관없이 또 다른 여자 관계로 오해가 생겼습니다. 분명한 오해이긴 하지만, 이번에도 역시 내 마음은 괴롭습니다. 옛날 생각도 나고 눈에서는 계속 눈물이 흐르고 마음이 괴롭습니다. 결국, 사연 주신 분은 다시 한 번 남편에게 강한 집착을 보일 것이고, 남편은 서서히 조금씩 그 집착에 지쳐갑니다. 아내는 이전만큼 적극적으로 응대해 주지 않는 남편의 태도에 "사랑이 식었어!"라고 화를 낼 테고, 지칠 대로 지친 남편분은 "맘대로 해!"라고 말하고 생애 처음으로 '이혼'을 고민하기 시작합니다. 그렇게 두 분은 이혼을 향해 한발씩 나아가게 됩니다.

사랑을 한다고 해서 상대방을 소유할 수는 없습니다. 남자친구와 행복하게 오래 만나고 싶다면 상대에게 얽매여 있는 집착을 버리고 내 '신념'을 바꿔 그 표현이 자연스럽게 자제되도록 하시는 것이 좋습니다. 신념을 바꾸기 위해 두 가지 새로운 신념을 제시해 드리겠습니다.

첫째는 사랑한다는 것은 결코 그 사람을 소유할 수 있는 자격이 아닙니다. 내가 누군가를 사랑한다는 것은, 그 사람의 무엇도 내 것으로 만들 수 있다는 뜻이 아닙니다. 그 사람의 과거도, 그 사람의 생각도, 그 사람의 감정도, 그 사람의 생활도 그 어느 것도 내 것이 아닙니다. 그것들은 오로지 그 사람의 것입니다. 내 과거, 내 생각, 내 감정, 내 생활이 오로지 내 것인 것처럼 말입니다. 사랑은 나에게 맞춰 그 사람을 변화시키는 것이 아니라 그 사람이 가진 것을 좋아하는 것입니다.

둘째는 아무리 사랑하는 사람이 생겨도 세상에서 가장 소중한 것은 '나'라는 사실을 잊지 않는 것입니다. 종종 사랑에 빠지면 '나'를 버리고 상대에게만 집중하는 분을 보게 됩니다. 부작용은 분명합니다. 상대가 사라졌을 때 나도 사라집니다. 상대에게만 집중하니 언젠가는 그런 나를 상대가 부담스러워합니다. 무엇보다 중요한 것은, 내가 주인공인 내 인생에서 주인공이 사라지게 됩니다.

세상에 나를 버리고 희생할 수 있는 사랑은 자식을 향한 부모의 사랑밖에 없습니다. 그 외 모든 사랑에서는 대상을 아무리 사랑한다고 해도, '내'가 훨씬 더 중요합니다. 만약 그렇지 않다면, 무조건 그래야 합니다. 이 사실을 진심으로 깨닫게 되면, 사랑으로 말미암아 내 생활을 바꾸고, 사랑 때문에 친구와 헤어지고, 사랑하기 위하여 내가 지니고 있던 꿈과 희망을 포기하는 일이 얼마나 무모한 행동인지 알게 됩니다. 더 놀라운 사실은, 그 순간은 깨닫지 못하지만, 이 모든 것을 유지하면서도 꿋꿋하게 지켜온 사랑이 가장 건강한 사랑으로 성장할 확률이 크다는 것입니다.

사랑은 둘이 만나 서는 게 아니라, 홀로 선 둘이 만나는 것입니다.

확신을 주지 못하는 사람,
믿어도 될까?

Q 이 남자의 사랑에 의문이 듭니다

저는 사랑하는 사람이 있습니다. 그런데 언제부터인가 그 사람에게서 사랑받는다는 느낌을 받지 못하고 있습니다. 사귀는 동안 받은 선물도 무척 사소합니다. 남자친구의 경제력이 나쁜 것도 아닙니다. 문득 우리 관계는 대체 뭐지 싶은 의문이 들었습니다. 전 어디를 가든 좋고 예쁜 것, 그 사람에게 어울릴 만한 것이 보이면 항상 가격 같은 건 보지도 않고 좋아서 선물해 주곤 했는데….

많이 서운했지만 '내가 이 사람을 사랑하고 있어서 그런 거야' 하며 주도적으로 생각을 전환하려 노력도 했습니다. 그러나 이제 더는 퍼줄 게 없습니다. 너무 힘이 들어요. 그런 제 마음도 모르고 제가 서운하거나 기분 상한 감정을 내보이면 되레 짜증을 내고 자존심 상해하고 이해할 생각을 안 해서 싸움으로 이어집니다. 그 탓에 자잘한 감정의 흉터도 너무나 짙어졌고요. 겉으론 괜찮은 척, 항상 남자친구를 위한 선택들을 했지만 제 속은 문드러질 것만 같습니다.

하지만 그 사람이 연애 초반에 한 것만큼 저에게 잘해줄 사람이 영영 나타나지 않을 것만 같은 기분이 듭니다. 그래서 놓치기 싫고요, 제가 괜찮은 반응을 하는 한 남자친구도 저에게 잘해줍니다. 그리고 아직은 그 사람이 없는 하루하루가 너무나 고통스럽고 두려울 것 같아요. 제가 더 마음을 쏟으면 그의 태도가 바뀔 수 있을까요? 저는 서로 더 만족하면서 오래 만나고 싶어요. 그리고 사랑받고 있다고 느끼고 싶습니다.

A 사랑도 변할 수 있음을 인정해야 합니다

연인 간의 사랑은 행복하기 위해 하는 것입니다. 부모와 자식 간의 조건 없는 사랑이나 테레사 수녀님의 헌신적인 사랑이 아니라는 뜻입니다. 연인 간 사랑의 가장 큰 목적은 '내가 행복하기 위해서'입니다. 내가 지금 경험하는 사랑이 나를 행복하게 해주지 못한다면 수단과 방법을 가리지 말고 행복할 수 있도록 노력해야 합니다. 함께 쇼핑을 하거나 영화를 보는 것에서 행복을 느낀다면 상대의 흥미와 무관하게 함께 해줄 것을 요구해야 합니다. 물론, 상대의 상황을 고려해서 타협할 수는 있습니다. 하지만 무조건 상대를 위하여 내 행복을 미루거나 양보한다면 나는 '바보 같은' 사랑을 하는 셈입니다.

그리고 사랑은 변한다는 사실을 알아야 합니다. 연인 간의 모든 사랑의 시작은 비슷합니다. 세상의 모든 풍경과 사람들이 흑백으로 희미해지면서, 오직 그 사람만 컬러로 아름답게 보이는 멋진 경험입니다. 맛있는 것을 먹어도, 좋은 곳을 가도, 예쁜 옷을 입어도 그 사람이 생각납니다. 그 사람을 행복하게 해줄 방법을 고민하고, 그 사람의 마음에 들 수 있도록 나를 바꾸어 나갑니다.

그러다 서로에게 익숙해지고 나를 미치게 했던 화학 반응이 끝나게 되면 흑백이던 주변 것들이 서서히 컬러로 보이기 시작합니다. 그리고 상대의 모습이 풍경에 묻히고 사람들 속에서 찾기 어려워지면 상대에게 바라고, 요구하고, 조르게 됩니다. "나는 이걸 원하는데 어떻게 넌 그럴 수 있어?" "내가 바라는 건 이토록 사소한 건데 그거 하나 못 해줘?" "왜 넌 항상 받기만 하고 난 주기만 해야 하는 건데?" "왜 넌 항상 누리고 난 이해해야 하는 거냐고? 넌 너무 이기적이야." 그 사람이 더 이상 내게 특별한 사람이 아니니 이제 나도 행복해져야 하는 겁니다. 상대도 마찬가지겠죠. 그의 눈에서도 나의 색깔은 사라지고 있는 것입니다. 연인 간의 '싸움'은 그렇게 시작됩니다.

그래서 사랑이 식는 건 어느 한쪽만을 비난할 수 없습니다. 아무리 "난 아니야"라고 절규해 봐도 가만히 돌아보면 내 안의 그도 이미 희미해진 경우가 대부분입니다. 나도 변했다는 이 사실을 인정하지 않고 사랑이 어떻게 변할 수 있느냐고 상대만을 비난한다면 아직 세상에 대해 배워야 할 것이 많은 분입니다.

다만, 참 아이러니하게도 이 '변화'를 인정하고 상대의 행동이나 말을 '그럴 수 있는 것'으로 생각하는 순간, 내 사랑은 한 번 더 주변과 다르게 조금 도드라져 보이게 됩니다. 물론 연애 초기처럼 확연하게 드러나는 차이는 아니지만, 가만히 바라보고 있으면 분명히 다르다는 것이 느껴질 만큼은 됩니다. 그런데 놀라운 것은 이번의 변화는 꽤 오래간다는 것입니다. 그렇게 살다 결국 언젠가 깨닫게 됩니다. '아, 그 사람의 색깔을 결정한 건 나였구나'라고 말입니다.

사랑하다 문득 상대에게 서운해지면 이제 '내 사랑의 강도'를 돌아볼 시간이 온 것입니다. 이처럼 '사랑받고 있다'는 느낌은 지극히 주관적인 것입니다. 객관적인 기준이 없으니 명확하게 '그렇다, 아니다'를 나눌 수 없습니다. 그러나 객관적인 기준이 없으니 본인이 '사랑받고 있지 않다'라고 느낀다면, 조건을 확인하지 않아도 사랑받고 있지 않은 것입니다.

연인 간의 오해를 만드는 가장 큰 원인 중 하나는, 자신이 지닌 욕구를 상대가 알아서 해결해주기를 바라는 것입니다. 바람이 이루어지지 못하면 불만이 쌓이고, 속으로 바랐던 거라서 정확하게 왜 불만이 쌓였는지 말도 못하니 괜히 다른 이유를 들어 싸우게 됩니다. 대화 한 번이면 간단하게 해결될 문제를 말입니다. 알아서 해줘야 서로 맞는 것이고 하늘이 점지한 인연이라고 생각하신다면, 그 인연을 만나기 위해서는 정말 지구 위의 모든 남자를 다 만나봐야 하실지도 모릅니다.

예쁘고 건강한 사랑은 서로 노력해서 만들어 가는 것입니다. 상대방에게 원하는 것이 있다면 솔직하게 말씀해주세요. 사랑받고 있다는 느낌을 원한다고. 그러기 위해서 이런 저런 행동을 해주었으면 좋겠다고. 구차하다고 생각하지 마시고 상대방에게 구체적으로 전달해야 합니다. 대부분의 남자는 세심하게 상대를 배려하지 못합니다. 안 하고 싶어서 안 하는 것이 아니라 몰라서 못 하는 경우가 훨씬 많답니다.

사랑하고 있는데
마음은 더 아픕니다

소홀해진 남자친구 때문에 나쁜 생각만 들어요

사랑은 왜 이렇게 어려운 걸까요? 왜 이렇게 마음을 아프게 하는 거죠? 이런 말이 있죠. 사람은 사랑할 때 행복할 수 있는 거라고요. 근데 저는 너무 마음이 아픈 것 같아요. 저는 지금 남자친구를 많이 사랑하는 것 같아요. 하지만 자주 못 보는 것도, 가끔 내가 원하는 말이나 행동을 받지 못하는 것도, 내게 아주 가끔 불성실한 것도 아픕니다. 그동안 소통의 방식이나 관점이 달랐던 것도 같은데 지금은 이것도 어느 정도 이해한 것 같고요.

그런데 말이죠. 왜 아직도 마음이 아픈 거죠? 저는 이 남자 덕분에 사랑이 아름답다는 것을 알았는데 이제는 사랑은 역시 고통이라는 생각이 들어요. 제 마음이 온통 멍투성이가 된 것 같이 파래요. 왜 이런 거예요?

우리 사이에는 갈등이 있었고, 그 갈등을 제가 먼저 꺼내 말했어요. 남자친구는 처음에 그 사실을 부정하고 회피하려고 했다가, 제 탓을 했다가, 다시 사과하며 잘 풀었다가 그러다 또다시 비슷한 일로 대화를 피했고 전 그 과정에서 또 상처받고 마음이 아팠어요. 정말 마음에서 지진이 난 것처럼 좀처럼 진정이 안 되네요. 남자친구가 전화를 잘 안 받으면 왜 안 받는 것인지 막 불안하고, 부정적인 생각들이 제 머리를 휘감아요. 평소에 절대 집착하는 스타일이 아니에요. 연락을 중요시하는 스타일도 아니고요. 그런데요. 문제는 제가 전화를 했을 때 남친이 안 받으면 불안해서 미칠 듯이 스트레스를 받는다는 거예요. 왜 안 받지, 아 답답해, 왜 안 받는 거야. 뭐하는 거지? 사고 난 건 아니겠지? 혹시 여자랑 있는 건 아니야? 또 나를 피하는 건가? 이런 나쁜 생각들이 절 미치게 만들어요.

우리가 헤어지는 중일까 봐 무서워요. 그냥 사랑이 너무 무섭고 어려워요. 이제 사랑은 약속하면 안 될 것 같다는 생각이 들어요.

A 사랑은 소유하려 할수록 멀어져 갑니다

'사랑은 아픔'이라는 말에 적극적으로 동감합니다. 물론 행복하고 즐거운 순간이 훨씬 많겠지만, 열심히 사랑하는 중에도 사랑은 분명히 아픕니다. 그리고 너무 많이 들어서 지겨워진 말일 수도 있지만 그렇게 아픈 만큼 '성숙'해집니다.

사랑이 아픈 가장 큰 이유는 '내 것'이라고 생각하기 때문입니다. 아무리 안 그러려고 노력해도 누군가를 사랑하는 순간 우리는 본능적으로 그 사람을 내 것으로 생각합니다. 나만 그 사람의 가치를 알아봤으면 좋겠고, 그 사람 역시 나만 좋아해 주었으면 좋겠기에 '소유'의 개념이 결부될 수밖에 없으며, 소유하는 순간 이제 사랑으로 인해 더는 행복하지만은 않습니다.

첫째 이유는, 분명히 내 것인데 내 맘대로 되지 않기 때문입니다. 내 것이라면 내가 원하는 대로 행동하고 내가 원하는 모습을 지녀야 하는데, 그 사람도 평생을 따로 살아온 독립된 인격체라 절대 내 맘대로 되지 않습니다. 분명히 내 것으로 생각했고, 그래서 애정을 듬뿍 주었는데, 어느 순간 내 것이 아닐 수도 있다는 깨달음이 온다면, 아플 수밖에 없습니다.

두 번째 이유는, 언제라도 잃어버릴 수 있기 때문입니다. 내 것을 잃어버린다는 것은 내게서 사라지는 것이고, 남의 것이 될 수도 있다는 것입니다. 따라서 잃어버린 후에도 아프지만, 잃어버리기 전에도 잃어버릴까 봐 아픕니다. 하지만 상대는 물건도, 애완동물도 아닌, 자신만의 가치관을 지닌 나와 같은 사람입니다. 내가 잃어버리는 것이 아니라 상대가 자신의 주관에 따라 언제든 어디로든 갈 수 있다는 뜻이죠. 그러니 난 그 대상에 전전긍긍할 수밖에 없습니다.

하지만 사랑은 절대 '소유'가 아닙니다. 내가 어떤 사람을 사랑한다는 것은, 그 사람의 그 무엇이라도 내가 가질 수 있다는 뜻이 절대 아닙니다. 나를 만나기 전에 그가 경험했던 삶과 기억도 지금 그 사람이 좋아하는 취향도, 그 사람의 행동, 사고방식, 말투 그 어느 것 하나도 내 것이 아닙니다. 그렇기에 그 사람에게 내 취향대로 해달라고 말할 권리가 내게는 없습니다.

다소 억울하실 수도 있습니다. 사랑하는데 그 정도도 못 해주느냐고 할 수도 있습니다. 원하는 것을 요구하면 상대방이 들어줄 수도 있을 겁니다. 하지만 상대방의 의지를 꺾는 요구는 말리고 싶습니다. 사랑으로 두 눈이 모두 가려져 있을 때는 '희생'도 행복입니다. 하지만 시간이 지나면 사랑의 안대는 반드시 벗겨지게 마련입니다. 그때 어느 한 편이 그 희생을 불편해하기 시작한다면 이것은 두 사람이 헤어지는 이유가 될 수 있습니다.

꼭 한 번 다시 생각해보셨으면 좋겠습니다. 사랑은 모든 것을 나에게 맞춰주는 하인을 찾는 행동이 아니라 서로에게 힘이 되고 행복이 되어주는 행동이라는 것을 말입니다.

성인이 된 후 정식으로 만난 처음으로 남자친구를 사귀게 된 한 여성이 있습니다. 그녀는 그동안 꿈꾸고 상상만 하던 연애를 드디어 시작하게 되었죠. 그녀와 남자친구는 서로에게 최선을 다하며 만나고 있었습니다. 그런데 하루는 데이트 약속을 잡기 위해 그녀가 "우리 이번에 만나면 여기 가자"고 얘기를 했는데 남자친구가 "자기 너무 나만 생각하지 말고, 자기 생활도 하고 그래"라고 하였습니다. 이 말을 듣는 순간 그녀는 자존심이 상하였습니다. 그래서 사람 마음이 마음대로 되느냐고 하면서 서운하다고 얘기를 하자 남자친구는 그런 뜻이 아니었다고 하며 대충 마무리를 지었습니다.

그녀는 현재 자신이 할 수 있는 만큼 남자친구에게 최선을 다하고 있고 사랑 표현도 많이 합니다. 그러나 남자친구는 자기가 사랑받아서 좋긴 한데 그녀가 걱정된다고 말했습니다. 그녀가 꿈꿔 오고 상상하던 연애는 자신이 남자친구를 죽을 만큼 좋아하고 잘해주는 것이고 남자친구도 자신만큼 아니 그 이상으로 사랑을 표현해주고 너 없으면 못 산다는 느낌이 들 만큼 잘해주고 아껴주는 것이었지만 현실은 그렇지 못했죠.

그녀는 서로의 생활을 지켜주고 상대를 존중하는 것이 좋은 사랑이라고 생각하면서도 '나를 그 정도밖에 사랑하지 않나?' 하는 생각이 들어 서운한 마음이 듭니다. 자기한테 목매지 말라는 남자친구의 말을 들으니 자신이 남자친구한테 부담을 주는 건가 싶기도 하고 어찌해야 할 바를 모르죠.

여기서 우리는 이 여성분 또한 상대방을 소유하려 하고 있음을 알 수 있습니다. 사랑에 대한 경험이 적은 분들에게서 가장 많이 보이는 실수는 '맹목'입니다. 상대는 나만 바라봐야 한다는 소유, 상대 외의 모든 것은 다 흑백으로 보인다는 집중, 이 사랑은 영원할 거라는 환상, 이 세 가지가 모두 '맹목적인 사랑'의 단점입니다.

물론 사랑 초기에는 이런 조건들이 합쳐져 불같은 경험을 만드는 데 큰 공헌을 합니다. 그런 경험, 한두 번쯤은 진심으로 추천합니다. 살면서 해 볼 만한 경험인 건 분명합니다. 다만 안타까운 것은, 그 '맹목'이 사랑을 무너뜨릴 수 있다는 것입니다. 더 오랫동안 건강하게 이어질 수도 있는 사랑의 수명을 짧게 잘라내는 것입니다. 물론 그 아픔을 견뎌내면 그만큼 사랑을 객관적으로, 더욱 현명하게 바라볼 수 있는 눈이 생기게 됩니다. 하지만 그 혜택을 위해 받아야 하는 상처가 너무 큽니다.

이후 이별의 상처를 극복하게 되면 자연스럽게 생기게 되는 것이 '배려'입니다. 배려가 가득한 사랑은, 겉보기에 불같지 않아 매력 없어 보일지 모르지만, 상대를 지치게 하지 않기에 오래갈 수 있습니다. 선택은 본인이 하는 것입니다. "그래도 난 내가 하고 싶은 대로 할래. 이런 사랑 언제 또 해 보겠어. 그리고 우린 예외일 수도 있잖아." 아니면 "그렇다면 지금부터 배려를 위한 노력을 해 볼까?" 어느 쪽이건 말입니다.

사랑에 대해 '맹목적'일 때 사람은 흔히 맹인이 됩니다. 한발만 뒤로 물러서도 볼 수 있는 것을 보지 못하기도 합니다. 또는 지금 남자친구가 하는 행동의 진짜 이유는 '배려'가 아니라 '거리 두기'일 수도 있습니다. 만약 그렇다면 나의 맹목적인 사랑이 상대를 지치게 한 건 아닌지 돌아볼 필요가 있습니다. 그리고 그런 상황을 극복할 수 있는 가장 좋은 방법은 '건강하게 이기적'이 되는 것입니다. 남자친구로부터 조금만 관심을 떼어내어 '나'에게 주는 것입니다. 남자친구가 생기면서 나로부터 완전히 무시당하기 시작했던 내 생활, 내 꿈, 내 시간 등을 조금씩 나에게 찾아주는 것입니다.

'사랑은 둘이 만나 서는 게 아니라 홀로 선 둘이 만나는 것입니다.' 이는 '홀로 서지 않은 사랑은 사랑이 아니다'라는 뜻은 절대 아닙니다. 홀로선 둘이 만나는 사랑이 훨씬 더 건강하고 오래간다는 뜻일 뿐입니다. 여기서 홀로 선다는 말은 자아존중과 자존감의 개념입니다. '나'의 가치와 소중함을 알고 있으며, 타인에게 의지하지 않고도 얼마든지 건강하게 삶을 살아나갈 수 있고, 그렇게 넘치는 사랑을 타인에게 나눠줄 수도 있는 것이 홀로 서기입니다.

반대의 개념에는 '결핍과 소유'가 있습니다. 우리는 종종 내게 부족한 무언가를 타인에게서 얻으려고 사랑을 선택하거나, 누군가를 사랑한 그 순간 그 사람을 온전히 나의 것으로 규정하는 사랑을 하고는 합니다. 이 역시 분명한 사랑의 한 형태이나 '결핍과 소유'라는 조건부 사랑이기에 그것이 사라지면 사랑의 고리도 약해지기 마련입니다.

소유할 수 없는 것을 소유하면 안 되는 것을, 소유하는 순간 '아픔'은 시작됩니다. 따라서 소유에 대한 욕심만 버릴 수 있다면, 건강한 사랑은 오래 이어질 수 있습니다. 쉽지 않지만, 결코 쉬운 일이 아니지만, 노력은 해 볼 필요가 있습니다. 내가 진심으로 사랑하는 사람과 오래도록 건강하게 사랑할 수 있는 검증된 비법이니까요.

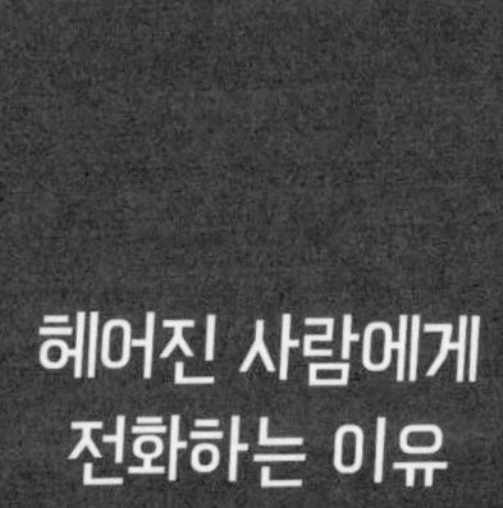

헤어진 사람에게 전화하는 이유

Q 전 남친의 전화에 흔들립니다

남자친구와 헤어졌습니다. 엄청 괴로웠고 상처였습니다. 사실 지금도 너무 힘들어요. 그런데 그 사람이 종종 연락해 옵니다. 밤에 술 취한 목소리로 전화해서 보고 싶다고, 다시 시작하면 안 되겠느냐고 합니다.

전화 받을 때마다 매정하게 말하지만, 끊고 나면 마음이 너무 괴롭고 아픕니다. 사실 전 아직도 미련이 남아서 이 친구가 돌아오길 바라는 마음이 있는 것 같아요. 하지만 전에도 한번 헤어졌다가 다시 만났는데 변함없이 저를 가볍게 대해서 또 헤어진 것이기 때문에 이번에는 독하게 마음먹고 있거든요.

그는 왜 연락을 계속하는 걸까요? 정말 그 사람도 아직 제게 미련이 있는 걸까요, 아니면 그냥 섹스를 할 상대가 필요한 걸까요? 제 안에 미련이 남아서인지 연락을 받을 때마다 마음이 아픕니다.

새로운 사람을 만나기도 쉽지 않고, 누구를 만나도 그 남자와 비교가 되고, 그래서 나도 모르게 다시 그의 전화를 기다립니다. 그의 진짜 마음을 알고 싶습니다.

A 미련도 사랑도 아닙니다

먼저, 헤어진 여자에게 연락하는 남자의 심리를 말씀드리겠습니다. 하지만 분명히 말씀드리고 싶은 것은, 남자의 심리보다 더 중요한 것은 '나의 심리'라는 것입니다. 그가 연락하건 말건, 내가 그를 다시 원하면 찾는 것이고 필요 없다면 연락이 와도 깨끗하게 무시하는 것입니다. 상대가 아니라 내 진심을 확인하는 게 그 무엇보다 먼저입니다.

남자의 목적이 무엇인지 구분해야 합니다. 헤어진 남자가 술 먹고 밤늦게 전화하는 이유는 사랑이나 미련이 아닙니다. 단 하나, 자신의 존재감을 확인하고 싶어서입니다.

"한때 나는 '사랑'을 했던 남자입니다. 한 여자를 열렬히 사랑했고 그 여자의 열정적인 사랑도 받았습니다. 사랑하는 순간만은 내가 세상의 주인공인 듯싶었습니다. 여자가 좋아하는 매력을 가진 남자라는 자신감도 있었습니다. 그러니 이 여자가 나를 이토록 사랑하는 거겠죠. 내 한마디면 밤에도 불쑥 나와 줍니다. 내가 조르면 가끔 섹스도 할 수 있고, 내가 싫어하는 것은 하지 않으려 노력하고, 내게 선물도 주고, 자신의 일상을 내 기준에 맞추기도 합니다. 난 말입니다, 이 정도로 가치 있는 사람이에요."

이렇게 자신을 가치 있는 남자라고 느끼게 해주던 여자와 헤어진 남자는 이후 다른 여자와의 만남에서 초라한 자신을 경험하곤 합니다. 헤어진 여자에게는 내가 전부였는데, 새로 만난 여자들은 오히려 자기를 챙겨주기 바라거나 때로는 나의 대시에 콧방귀도 뀌지 않습니다. 자존심 상하죠. 지금까지는 자신이 매력적이고 가치 있는 남자라고 생각했거든요. 그렇게 다른 여자들에게 상처받은 남자는 마치 고향으로 돌아가는 탕아의 마음으로 헤어진 여자에게 전화합니다. 그녀는 내 마음을 이해해줄 것 같고, 그녀는 나의 망가진 자존심을 회복시켜 줄 것 같으며, 그녀는 내가 어떤 행동을 해도 포근하게 안아줄 것 같거든요. 내 말 한마디면 좌지우지되던 그 모습이 그립기도 합니다. 그런 기대를 가득 안고 술로 용기를 북돋운 뒤 전화번호를 누릅니다.

아이러니한 것은 이런 남자의 전화를 사랑에 대한 미련으로 오해한 그녀가 남자의 대시에 응답하는 순간, 자존심과 자신의 가치를 회복한 남자는 용기 내어 다시 다른 여자에게 달려간다는 것입니다. 그 남자에게는 '그녀'가 아니라 '자신의 가치를 확인시켜줄 대상'이 필요했던 것뿐이니까요.

"모든 남자가 다 그런 건 아니겠죠? 내 남자는 다를 수도 있지 않을까요?"

이렇게 물어보실 수도 있습니다. 맞습니다. 어떤 남자는 정말 헤어진 여인이 보고 싶고 그녀밖에 없다는 후회가 들어서 그럴 수도 있습니다. 그렇게 만나 다시 잘되는 커플도 물론 있습니다. 대한민국 어딘가에서 매주 로또 1등 당첨자가 나오는 것처럼 말입니다. 세상은 확률 게임입니다. 그런 남자, 그런 재회의 확률은 낙타가 들어갈 바늘구멍만큼 좁습니다.

그리고 더 중요한 것은 두 사람이 헤어진 이유를 극복하지 않는 이상 관계의 미래가 달라질 수는 없다는 것입니다. 헤어진 이유쯤은 얼마든지 극복할 의지가 있다고, 그래서 다시 연락한 거라고 말씀하실지 모르지만, 그 이유는 대개 근본적일 경우가 많기에 두 분 모두 강한 의지와 필요성을 가지고 실천하지 않는 한 혼자만의 용기나 의지로는 아주 잠시 바뀐 것처럼 보이는 것이 전부입니다. 결국 두 사람은 다시 그 문제로 힘들어지게 될 것입니다. 있는 그대로의 모습으로 살아가는 게 가장 편하므로, 노력은 시간이 갈수록 약해지고 반대로 욕망은 커져만 가게 될 것입니다. 그렇게 다시 아픈 이별을 반복하게 됩니다.

지금은 더 어려워 보이지만 사실, 깨끗하게 잊고 다른 사람을 만나는 것이 의미 없는 도전보다 훨씬 더 쉽습니다. 지금은 이런 사람 다시 없을 것 같고, 이 사람이 내 인생의 유일한 동반자일 것 같지만 살아가며 열린 마음으로 사람을 만나다 보면, 결국 그 사람은 내 인생의 수많은 사람 중 하나였다는 것을 알게 되실 겁니다.

마음이 힘든 것은 사랑했던 기억 때문입니다. 이와 관련해서는 두 가지 이야기를 드릴 수 있겠습니다. 하나, 강도의 차이가 있을 뿐 기억은 반드시 희미해집니다. 내 기억이 희미해져서 가능해진 것인지 아니면 그 기억조차 무색하게 만드는 좋은 남자를 만나서 그런 것인지 혼란스러운 일을 반드시 경험하게 되실 겁니다. 둘, (많은 분이 잘 모르시는 부분인데) 그 기억은 마치 내 의지와 무관하게 뇌에 남아 있는 것처럼 느껴지지만, 사실 실제로 그 기억을 붙잡고 있는 것은 '나' 자신입니다. 그 의지가 무의식에 잠겨 있어서 현실의 나는 느끼지 못하는 경우가 많지만 말입니다.

'내'가 기억을 붙잡고 있는 데는 반드시 이유가 있습니다. 대개는 그가 주었던 혜택을 지금의 내가, 다른 곳에서 받지 못하고 있기 때문입니다. 그것을 찾아 충족해주려고 노력하면 기억은 쉽게 희미해질 수 있습니다. 우리가 대개 '그 사람'에 대한 사랑이나 미련, 그리움 때문이라고 생각하는 감정은 사실은 대개 내 안의 '갈증' 때문이라는 뜻입니다. 그런 갈증을 평생 안고 살아갈 수는 없습니다. 처음에 말씀드렸듯이 '나의 마음'이 원하는 것이 무엇인지 다시 한 번 돌아보시길 바랍니다. 헤어진 남자친구의 마음이 아닌 자신의 마음이 원하는 것이 무엇인지 되돌아볼 때 갈증을 해소할 수 있는 방법이 무엇인지 확연하게 보이기 시작할 것입니다.

나 혼자 사랑이라고
착각했다

유부남 오빠가 절 갖고 놀다 버린 것 같아요

어디서부터 제 이야기를 써야 할지, 참 막막하네요. 유부남과의 만남을 정리 중입니다. 처음에는 같이 산책하면서 이야기도 하고, 가족들끼리도 할 수 없는 고민도 털어놓고, 그냥 그런 것만으로도 마음이 편안한 상대였어요. 그러다가 그 사람이 절 안아주었어요. 그런데 원래 이 오빠는 스킨십을 잘하는 사람이라 별 신경은 안 쓰였어요. 저 또한 그게 싫지 않았어요. 그리고 연애를 한 번도 안 해본 저는 이게 뭔지 잘 몰랐어요.

그러다 어느 날은 안아주면서 가슴을 만지는 거예요. 정신을 차리고 뿌리쳤어야 했는데 그러지 못했어요. 그러다 관계도 맺었고 점점 더 좋아졌어요. 그런데 부인과 아이들을 볼 때마다 죄책감으로 힘들었고, '저 사람이 내 사람이었으면 좋겠다.' 이런 생각들로 마음이 복잡해졌어요.

지금은 오빠가 빨리 정리하자고 해요. 그런데 제가 정리가 안 돼요. 잠깐씩 보는데, 같이 오래 있고 싶고 매일 눈물로 살고 있어요. 왜 나랑 바람을 피운 것인지… 갖고 놀다 버려진 기분이에요. 너무 괴롭고 매일 눈물이 나요. 누구한테 말도 못 하고 우울증으로 힘든 시간을 보내고 있어요. 제가 나쁜 년이란 것도 알고 정리해야 하는 것도 아는데 그 사람이 너무 보고 싶어요. 저는 어떻게 정리를 해야 할까요?

A 사랑이라는 착각에서 빠져나와야 합니다

사랑하는 사람이 어느 순간 더는 나를 사랑하지 않는 것 같다는 깨달음은 절망 그 자체입니다. 심지어 그와 달리 나는 여전히 불같이 그 사람을 사랑하고 있다면 그 고통은 더 클 수밖에 없습니다. 하지만 내 인생의 주인공은 '나'이고 주인공이 끝까지 고통받는 영화는 거의 없습니다. 그렇다면 이제 그 고통에서 벗어나야 할 때입니다.

'스톡홀름 증후군'을 들어보신 적이 있으신지요? 납치나 인질 등의 상황에서 피해자가 가해자에게 연민이나 애정을 느끼는 증상을 일컫는 심리학 용어입니다. 분명히 피해자를 절망과 고통에 빠뜨린 악인이기에 제삼자가 보기에는 이해할 수 없는 현상입니다. 하지만 피해자는 일상으로 굳어버린 그 절망과 고통을 가해자에게서 분리하게 되고 그 과정에서 가해자를 자신과 함께하는 동반자라고 생각하게 됩니다. 이 상황에서 가해자가 따뜻한 태도로 공감해주는 표현을 한다면 피해자는 가해자에게 몰입하고 집착할 수밖에 없습니다.

처음 그녀의 의지와 상관없이 그녀에게 먼저 다가간 것은 '오빠'입니다. '남녀 간의 사랑'이라는 행복한 경험을 '불륜'이라는 위험천만한 수렁으로 만든 바로 그 장본인입니다. 오빠는 그녀에게 다가가며 조금씩 깊은 스킨십을 시도합니다. 유부남이 외도하는 목적 중 가장 큰 비중을 차지하는 것은 그저 '다른 여자와 성관계를 하고 싶어 하는 성욕'이라는 말처럼, 오빠 역시 별다른 근거도 없이 그녀의 몸을 소유하기 시작합니다.

그렇게 이 수렁 속으로 그녀를 밀어 넣어 둔 채 '사랑'이라는 최면을 걸고 즐기다가, 어느새 오빠는 자신만 먼저 빠져나가 다시 일상으로 돌아갑니다. 오빠는 그녀를 이렇게 만들어놓고도 구해줄 생각 없이, 나오고 싶다면 혼자 빠져나오라고 비겁하게 외면하고 있습니다. 사실 적극적으로 구해줄 필요도 못 느낄 것입니다. 왜냐하면 본인이 원하는 '성욕'이라는 목적은 이미 달성했으니까요. 수렁 속에는 이제, 아직도 최면에 걸린 '그녀 혼자' 외엔 아무도 없습니다. 그리고 최면에 걸린 그녀는 그 최면의 영향 때문에 아직도 이 상황을 '사랑'이라 착각하고 있습니다.

다른 분의 이야기를 한번 들어볼까요? 이분 또한 자신에게 굉장히 잘해주고 매우 예뻐하며 주변 또래의 남자들과 달리 좀 더 성숙한 느낌으로 저를 대해준 남자에게 끌렸습니다. 그런데 이 사람이 유부남입니다. 나이가 많으신 것도 부담스러운데, 유부남이라는 사실에 더 다가가서는 안 된다고 생각하면서도 그 남자에게 사랑받기를 원한 것입니다.

어쩌면 그 남자가 매번 자신을 칭찬하고 잘해주는 게 순전히 젊은 여자이기 때문일 거라는 것을 짐작하면서도 그런 느낌이 별로 나쁘지 않다고 생각했고, 오히려 그런 사랑이라도 받고 싶어 했습니다. 또래 남자들에게 느끼지 못한 매력에 끌리고 다른 남자들과 이야기할 때와는 달리 그 사람과는 이야기가 끊이질 않고 시간 가는 줄 모를 정도로 함께 있는 순간이 좋았던 것이죠.

그녀는 불륜이 나쁘다는 것을 충분히 인지하고 있고 다른 사람의 불륜을 보면 욕을 하던 평범한 사람이었습니다. 또한 정말 지극히 정상적으로 사는 게 가장 좋다고 생각하면서도 자신의 감정을 주체하지 못했던 거죠. 남에게 나쁜 짓 하고는 못사는 성격이라 큰 자괴감이 들고 괴롭고 너무 슬픈데도 말입니다.

불륜 관계에서 남자가 원하는 것은 대개 궁극적으로는 섹스입니다. 따라서 불륜이 고난을 극복하고 사랑으로 완성될 확률은 매우 낮습니다. 그런데도 왜 그 유부남을 만나고 싶어 하고, 보고 싶어 하며, 그 사람과의 행복한 미래를 꿈꾸는 것일까요? 답은 생각보다 간단합니다. 그건 그 사람이 내가 찾던 진정한 사랑이어서도 아니고, 내가 그 사람을 '사랑' 하고 있어서도 아닙니다. 단지 내가 '관계'에 갈증을 느끼고 있기 때문입니다.

그녀는 인간관계에 대한 심한 갈증을 느끼고 있었습니다. 그런 와중에 다른 대상으로부터는 잘 받을 수 없었던 칭찬과 배려를 그 유부남에게 받으면서 갈증이 해소되니 그 관계가 불륜이건 아니건 매력적으로 느껴지는 것입니다.

'사랑받는 것'에 대한 갈증이건 '칭찬이나 배려'에 대한 갈증이건 간에 우선 그 '갈증'의 정확한 본질을 본인이 찾으셔야 합니다. 그리고 자신의 내면을 건강하게 만들지 않으면 앞으로도 본인의 인생을 갉아먹을 '나쁜 인연'은 굳이 '그 사람'이 아니더라도 반복될 수 있습니다. 단순히 여성의 '몸'만을 원하는 선수들은 자신이 공략할 여성이 어떤 부분에서 갈증을 느끼고 있는지 정확하게 알고 있기 때문입니다.

젊은 여성이 유부남에게 끌리는 메커니즘은 제복 판타지의 그것과 유사합니다. 제복은 보는 이에게 믿음과 안정감을 주는 요소이며 보호받을 수 있을 것 같아 마음 편히 기댈 수 있다는 느낌이 드는 매력적인 소재입니다. 유부남 역시 마찬가지입니다. 가정과 사회에서 모두 흔들림 없는 탄탄한 지위를 구축했다는 이미지 때문에 보호받을 수 있다는 편안한 안정감을 느끼게 되고, 여기에 내가 챙겨주기보다는 돌봄을 받거나 배려를 받을 수 있다는 기대감이 더해져 욕망을 키우게 됩니다. 물론 금지된 것을 더욱 갈구하게 되는 인간 본능의 심리도 영향을 줍니다.

이 메커니즘의 가장 치명적인 단점은, 어디에도 '나'라는 자아가 없다는 것입니다. 자아가 없는 관계 구조는 이어져 있을 때는 수동적으로 끌려다닐 수밖에 없으며, 끊어졌을 때는 다른 관계보다 더 크게 상처받고 감정 회복도 쉽지 않습니다. 관계의 실패를 자신의 탓으로 돌리며 끊임없이 자학하고 그 어두운 감정에서 벗어나기 위해 더욱 안정적으로 보이는 또 다른 유부남과의 관계를 지향함으로써 무한히 반복되는 악순환의 고리를 형성하게 되기도 합니다. 그 악순환의 고리는 초기일수록 끊어내기 쉽습니다. 또한 거기서 빠져나

오게 되면 결코 매력적인 관계가 아니라는 객관적인 현실을 보실 수도 있습니다.

제복을 입었거나 나이 든 남자를 좋아하는 것은 취향이지만, 유부남을 좋아하는 것은 자아를 포기하는 행위일 뿐입니다. 세상의 그 무엇도 끝까지 나를 보호해주는 것은 없습니다. 인생의 끝까지 나를 보호해줄 수 있는 것은 단 하나뿐입니다. 바로 '나'라는 자아입니다. 그리고 이 자아를 만나거나 만나지 못하는 것을 결정하는 것 또한 바로 '나'입니다.

당신은 어떠한가요? 정말 그 남자를 사랑하는 것인지 자신의 갈증을 채워줬기에 '사랑한다고 착각'하는 것인지, 아니면 안정감을 주는 것을 사랑이라고 착각하는 것인지 생각해봐야 합니다. 사랑이 아닌 착각이라는 사실을 인정하고 싶지 않을 겁니다. 아니, 온몸으로 거부하고 계실지도 모릅니다. 하지만 이것이 객관적인 '사실'입니다.

인간관계에서 비롯된 대부분의 '갈증'은 기존의 인간관계에 '변화'를 줌으로써 충분히 충족할 수 있습니다. 다만 내가 능동적으로 움직여서 만들어지는 인간관계를 우선 신뢰하셨으면 좋겠습니다. 모든 인간관계에서 먼저 웃어주며 먼저 다가가시기 바랍니다. 그렇게 가까워진 다양한 인간관계는 내 삶 전체를 풍요롭게 만들어줄 것입니다.

내가 가려는 '불륜'의 길이 어떻게 끝날지 분명하게 보이고, 그것이 소중한 '나'를 함부로 소모시키는 실수임을 알면서도 그것을 행하는 것은 분명히 어리석은 행동입니다.

이별 통보를 받아도
보고 싶은 마음

Q 헤어지는 것이 두렵습니다

저는 현재 남자친구와 시간을 갖는 중입니다. 이유는 명백한 제 잘못입니다. 제가 잘못한 것들을 나열해보겠습니다.

첫 번째는, 저는 나약하고, 불안하고, 우울하며 다른 사람에게 의존하는 성격입니다. 그리고 부정적인 생각들이 생기면 파고들어 저를 갉아먹고 상대도 힘들게 합니다. 체력도 좋지 않고 사람 사이에서 스트레스를 많이 받아서 직장을 여러 번 그만두고 구하길 반복했습니다. 반면 남자친구는 회사생활과 주식 등을 열심히 하고 삶에 대한 의욕이 넘치며 강한 멘탈을 가지고 있고, 돈을 많이 벌겠다는 의지도 강합니다. 그렇기에 의지가 약하고 힘들면 놓아버리는 저에게 실망해서 싸운 적이 여러 번 있었습니다.

두 번째는, 저의 부족한 생각으로 남자친구를 비난했습니다. 저는 한번 부정적인 생각이 들고 걱정이 겹치면 그게 해결될 때까지 상대가 원하는 답변을 해줄 때까지 상대를 괴롭힙니다.

이런 저에게 남자친구는 이별 통보를 했고 연락을 받지 않았습니다. 다음날 찾아가서 진심으로 사과했지만 가라는 말뿐이었습니다. 너는 네가 하고 싶은 대로 말하고 행동하는 사람이다, 잘해준 본인에게 네가 한 행동은 용납할 수 없다고 했습니다. 그리고 저는 이제 그에게 메리트가 없고, 이제 생각이 다른 사람과 같이 갈 생각이 없다고 했습니다. 저란 사람에 대해 객관적으로 잘못을 나열하며 비난하는 남자친구의 말을 잊을 수가 없습니다. 저는 그런 사람일 뿐이었습니다. 그래도 한 번만 기회를 달라며 계속 울면서 붙잡았습니다. 결국 그가 내린 결론은, 몇 개월 동안 수입을 얼마 이상 내보라는 이야기였습니다. 이제 넌 메리트가 없지 않냐고, 그런 능력이라도 있으면 본인이 돈을 좋아하니 만나줄지 혹시 아냐고 했습니다. 그가 매우 실망하고 화가 나서 뱉은 말인 건 알지만 저도 상처를 받았습니다.

저도 힘든 부분이 있었습니다. 남자친구는 워낙 말을 직설적으로 하는 편이라 상처를 받을 때가 많았습니다. 본인은 있는 그대로의 말을 한다고 하지만 제게는 자존감을 낮추는 말들로 느껴져서 무척이나 상처였습니다. 당신이 한 말들이

날 바닥으로 끌고 간다고 우울증이 온 것 같다고 하면 우울증이 자랑이냐고 했습니다

미안함과 원망이 공존하는 이 마음에 저도 혼란스럽습니다. 전처럼 다시 잘 지낼 수 있을 것만 같다가도, 부족한 제가 또 실수를 하면 헤어지자고 밀어낼까봐 두렵습니다. 어떻게 해야 좋을지 모르겠습니다. 의지할 곳이 없어지는 것이 두렵습니다. 세상 혼자 살아가는 것이 맞고, 제가 바로 서야 상대도 저를 매력적으로 느끼는 것도 아는데 그저 두렵고 무너지는 방법밖에 모르겠습니다.

A 관계 중독에서 벗어나야 합니다

'명백한 제 잘못입니다'라고 말씀하시며 두 가지 이유를 말씀해주셨지만, 과연 그것이 '명백한'이라는 표현을 쓸 만큼 일방적인 이유인지에 대해서는 조금 생각이 다릅니다. 연인 간의 다툼과 이별에서 일방적으로 어느 한 편이 책임의 전부인 경우는 극히 드뭅니다. 그런 점에서 저는 사연 주신 분이 조금 더 떳떳해지셨으면 좋겠습니다.

마지막에 하신 말씀이 무척 인상적이었습니다. "세상 혼자 살아가는 것이 맞고, 제가 바로 서야 상대도 저를 매력적으로 느끼는 것도 아는데 그저 두렵고 무너지는 방법밖에 모르겠습니다." 사연 주신 분은 이미 무엇이 옳은 모습이고 앞으로 내가 어떻게 행동해야 하며, 심지어 그 행동이 어떤 결과를 만들 수 있는지를 적어도 이성적으로는 알고 계신 분입니다.

맞습니다. 지금뿐만 아니라 앞으로도 세상을 살아가는

일은 오직 '혼자' 해결하셔야 할 과제이며, 사연 주신 분이 온전히 '나'를 위한 삶을 살아가고 계실 때 타인 역시 사연 주신 분에게 매력을 느끼게 됩니다. 그렇게 모든 것을 알고 계심에도 왜 그저 두렵고 무너지는 방법밖에 모르실까요? 이유는 두 가지입니다. 하나는 관계에 중독되었기 때문이며 다른 하나는, '실천'하는 대신 '생각'하고 계시기 때문입니다.

알코올이나 담배, 게임이나 야동만 중독의 대상이 아닙니다. 많은 분이 가장 많이 중독되는 것은 바로 '관계'입니다. 가정 폭력의 피해자인 아내가 선뜻 이혼하지 못하는 이유, 불륜이 나쁘다는 것을 아는 여성이 유부남과 헤어지지 못하는 이유, 내 인생에 크게 도움 되지 않는 것이 분명해 보이는 남자친구로부터 사연 주신 분이 과감하게 벗어나지 못하는 이유, 모두 그저 '관계에 중독'되었기 때문입니다.

관계 중독에서 벗어나려면 우선, 그 대상이 파괴한 내 삶의 긍정적인 면을 구체적으로 적어 봐야 합니다. 헤어짐을 전제로 그 사람의 나쁜 점만 적으시면 됩니다. 여친의 자존감을 그토록 무참히 짓밟는 남친은, 비록 그 의도가 선했더라도, 나의 건강한 삶에 필요 없는 사람입니다.

'남친'이라는 존재는 얼마든지 다른 사람으로 대체 가능한 소모품입니다. 이점을 무조건 인정하셔야 합니다. 그는 나쁘다. 그는 내 인생의 소모품일 뿐이다. 이해가 안 가시면 그냥 외우셔도 좋습니다. 왜냐하면, 이 명제는 무조건 '참'이기 때문입니다.

다음으로 하실 일은 '실천'입니다. 그 무엇도 머리로 시뮬레이션하지 마세요. 그냥 몸으로 움직이시기 바랍니다. 이별 이후의 우울하고 절망적인 생활이 두려운 이유는, 지금 그 상황을 머리로 상상하고 계시기 때문입니다. 상상은 언제나 과장을 동반하니까요. 나의 뇌가 아무 생각도 할 수 없도록 무조건 육체를 바쁘게 해주세요. 피곤하게 만들어주세요. 항상 무언가를 하고 계시면 됩니다. 누군가, 나를 향해 "너 정말 미친 듯이 사는구나"라고 말할 수 있도록 말입니다.

더불어 꼭 드리고 싶은 이야기가 두 가지 있습니다.

첫째, 연인 간의 싸움은 반드시 상처를 만들고 상처는 반드시 사랑을 갉아먹는다는 것입니다. 물론 낯선 사람과 사람의 만남이기에 이견과 다툼이 없을 수는 없습니다. 하지만, 그것이 어떤 이유로 발생했건 간에, 싸움은 반드시 상처를 만들고 사랑을 갉아먹습니다. 따라서 사랑하는 연인 간의 싸움은 가능한 한 하지 않는 것이 좋습니다. 문제가 있다면 싸움 말고 다른 방법으로 해결해야 합니다.

만약 내가 연인과 자주 다투는 편이라면 어떤 소재로, 어떻게 싸움이 시작되고 커지는지 패턴을 찾아보실 필요가 있습니다. 연인과의 싸움은 대개 내가 혹은 상대가 가진 '신념' 때문일 때가 많습니다. 이 점을 참고하시면 좀 더 찾기 쉬우실 수 있습니다. 신념의 예로는 '사랑한다면 적어도 하루에 한 번은 카톡을 해야 한다'라든가, '다투면 남자가 먼저 전화해서 미안하다고 해야 하는 거 아니야?' 등이 있습니다. 상대에게 서운한 감정은 주로 상대에게 내가 원하는 것이 있어서 발생하는데, 그 '원하는 것'은 대개 나의 신념에서 비롯됩니다. 그렇다면 과연 두 사람이 사랑하는 데 그 '신념'이 필요한 것인가를 생각해볼 필요가 있는 것입니다.

이런 패턴이 발견되면 과연 그것이 나의 연애에 필요한 것인가를 곰곰이 생각해보고 아니라면 그 패턴을 바꾸기 위해서 내가 어떻게 하면 되는지, 나의 어떤 생각을 바꾸면 되는지 생각해보시면 좋습니다.

둘째, '연애나 사랑' 말고 '나'에게 몰입할 필요가 있습니다. 내가 상대에게 바라거나 기대하는 것들, 그것이 충족되지 않아서 종종 다툼으로 이어지는 것들은 대개 상대에 대한 나의 관심이나 내 안에서의 상대의 중요성에서 비롯됩니다. 하지만 가만히 생각해보시면 세상에서 가장 소중한 것은 '나'이며, 이 세상이 끝나는 바로 그 시점에도 내 곁에 있어줄 유일한 한 사람은 바로 '나'입니다. 그러니 심지어 '연애'를 하는 동안에도 '나'보다 '상대'를 더 많이 생각할 이유가 없으며 그건 '사랑의 강도'와도 무관합니다.

비록 사랑이 가득한 연애를 하더라도 상대보다 '나'에게 더 많은 시간을 할애하고 '나'를 더 많이 사랑하며, '나'를 중심에 두고 상대를 내가 더 행복할 수 있는 조건 중 하나 정도로 인식할 수 있다면 이제부터의 나는 '사랑'에 그다지 목숨 걸지도 않을 것입니다. 이별에도 좀 더 의연해질 수 있겠죠. 아이러니한 것은 그런 '나'에 대한 끝없는 관심이 오히려 우리의 사랑을 더 단단하게 해준다는 것입니다. 나를 소중하게 대할 줄 아는 사람이 타인도 소중하게 대하기 마련이니까요.

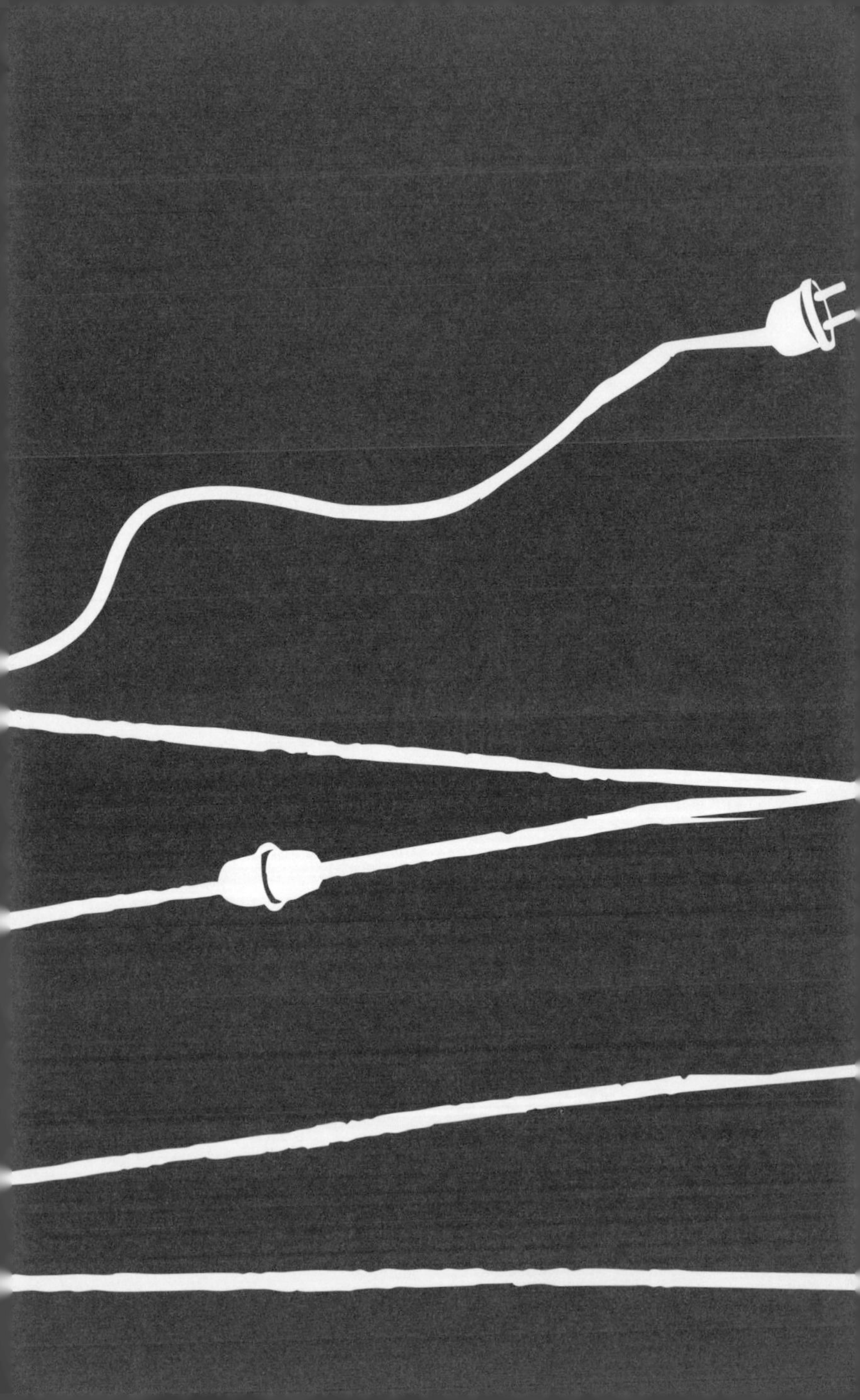

2장

불완전하기에 사람은 사람을 찾는다

본능이 우선인 남자와
분위기가 우선인 여자

Q 여친의 충격 고백에 할 말이…

저에게는 사귄 지 오래된 여자친구가 있습니다. 그런데 어느 날 갑자기 여친이 저와 섹스하기 싫다는 겁니다. 충격이었습니다. 그녀는 원래 자신은 성욕도 별로 없었고 저와 섹스하는 것보다 서로 껴안고 있거나 같이 가만히 누워 있는 것이 더 좋다고 말했습니다.

평소에 저와 성관계를 할 때 항상 여친은 흥분도 많이 하고 거의 매번 절정에 도달하기에 이런 생각을 하는지 꿈에도 몰랐습니다. 그래서 혹시 내가 섹스를 잘 못하느냐, 만족하게 해주지 못하는 것이냐 물었더니 그건 또 아니랍니다. 막상 섹스하면 너무 기분 좋고 만족하는데 그냥 섹스하기까지의 과정도 귀찮고 별로 내키지 않는답니다.

그 후로는 저도 별로 하고 싶지 않아서 거의 섹스를 안 했습니다. 이 얘기를 듣고 난 후에도 몇 번 관계를 맺었지만, 왠지 모르게 흥분이 잘 안 되고 '내가 이걸 왜 하고 있지?' 하는 생각과 자괴감도 들었습니다. 그래서인지 요즘에는 야동을 자주 봅니다.

어떻게 하면 이 상황을 서로 잘 헤쳐 나갈 수 있을까요?

A 여성에게는 '관계'가 더 중요합니다

섹스를 대하는 남성과 여성의 태도는 무척 다릅니다. 남성은 섹스 그 자체를 목적으로 생각하는 반면, 여성은 섹스를 사랑을 표현하는 방식으로 생각하는 경향이 있습니다. 여성은 안고, 포옹하고, 키스하고, 사랑의 대화도 나누는 로맨틱한 과정이 무르익은 후에 점차 열정적인 섹스를 향해 다가가는 것을 바라지만, 남자는 그런 것들은 과감하게 생략하고 바로 열정적인 섹스로 들어가고 싶어 하죠. 남녀 간의 많은 다른 차이들처럼 이 틈에서 종종 오해와 의견 충돌이 발생하곤 합니다.

이 차이를 극복하는 가장 좋은 방법은 두 사람이 섹스에 대해 많은 대화를 나누고 서로의 욕망과 바람을 숨기지 않고 모두 말하는 것입니다. 남녀 간에 발생하는 많은 문제는 둘의 대화 부족에서 시작됩니다. 알았다면 절대 그렇게 행동하지 않았을 일도 대화가 없어 오해가 커지고 감정만 상하는 경우도 무척 많거든요.

원래 많은 여성이 섹스하는 것보다 서로 껴안고 있거나 같이 가만히 누워 있는 것을 더 좋아합니다. 이건 남자들은 잘 모르지만 알고 계시면 좋은 팩트fact입니다.

여자친구에게 "나는 별로 섹스를 즐기지 않는다"라는 말을 듣는 것이 결코 유쾌한 경험은 아닐 것입니다. 더군다나 성욕이 강한 분에게는 '더 이상의 즐거움은 없다'라는 사망 선고 같을 수도 있겠죠. 하지만 많은 여성분이 실제로 섹스를 별로 즐기지 않습니다. 상대 남자가 커다란 쾌감을 주지 못하거나 원래 불감증이 있는 분만 그런 것이 아닙니다. 실제 섹스에서 짜릿한 오르가슴을 경험하더라도 꽤 많은 여성이 섹스 자체를 그다지 즐기지 않습니다. 이해되지 않으시면 무조건 외우시면 좋습니다.

많은 남성이 '짜릿한 섹스' 후에는 그 섹스를 잊지 못하고 여자가 먼저 적극적으로 행동하게 될 것이라고 기대합니다. 하지만 현실에서는 대개 고개를 갸웃거리며 실망하게 됩니다. 자신이 여태껏 본 것과 다르기 때문입니다. 그러나 생각해보면 대개의 남자들이 지금까지 '본 것'은 남성의 쾌락만을 위해 만들어진 야동이거나, 남성의 시각으로 만들어진 영화나 드라마가 대부분일 것입니다.

여러분이 '본 것'과는 다르게, 성관계에서의 만족도와 이후 여성의 성관계 적극성은 거의 연관이 없습니다. 왜냐하면 여성은 '성관계' 그 자체보다 연인과의 '관계'에 집중하기 때문입니다. 성관계는 관계를 돈독하게 해주는 이벤트일 뿐입니다. 그러니 남성이 점점 성관계에 집중한다는 생각이 들수록 여성의 관심은 성관계에서 멀어지게 될 수도 있습니다. 사랑받아야 하는 것은 '나'인데, 남자친구의 사랑을 받는 것은 '성관계'이니까요.

이런 점을 모르는 남자들이 적지 않습니다. 한 남성은 여자친구에게서 몸 대주는 것 같다는 이야기를 듣고 충격을 받았다고 합니다. 그의 이야기를 들어보겠습니다.

"처음 사귈 때는 여친과 자주 관계를 해서 그렇게 문제가 되지 않았습니다. 여친이 먼저 하러 가자고 할 때도 있었으니요. 그러다가 어느 날 관계를 하는데 처음엔 좋아서 하다가 나중에는 그냥 빨리 해, 그러다가 갑자기 여친이 울더군요. 몸 대주는 것 같은 기분이 든다면서요. 저는 미안하다고 사과하고 잘 달래주긴 했지만, 자기가 기분 좋을 때만 하고 안 좋아지면 딱 끊어버리는, 그리고 계속하자고 하면 "왜 싫다는데 해야 하는 거야?"라며 딱 잘라 버리는 모습에 기분이 상했습니다.

그날 이후 저도 강간범이 된 기분이라 먼저 하자고도 안 하고 여친이 하자고 할 때만 하고 하다가도 그만하자고 그러면 바로 그만뒀습니다. 여친은 섹스하려고 자신을 만나느냐며 화가 나서 말이 안 나온다는데 관계가 저런 식이면 누구라도 스트레스 받지 않을까요?"

나는 상대방을 많이 사랑하고 그래서 더 섹스도 하고 싶은 건데, 내 마음도 몰라주고 내가 마치 강간범이라도 되는 것처럼 섹스광으로 몰고 가니 서운하기도 하고 상대의 거부 반응에 자존심도 상하실 것 같습니다. 하지만 여기서 우린 남성과 여성의 차이를 배우고 이해할 필요가 있습니다. 그리고 이 문제를 풀 수 있는 열쇠를 지닌 사람은 남자친구뿐입니다. 왜 여자친구가 아니라 나인지 궁금하신가요?

세상 모든 것이 그렇듯이 섹스 역시 하고 싶은 마음을 가지고 해야 그 과정이 행복할 수 있습니다. 그리고 그 '하고 싶은 마음'이 들게 하는 것은 오로지 남자친구의 몫입니다. "여자는 분위기에 약하다"라는 말을 들어보셨을 겁니다. 너무 익숙해서 식상하기까지 한 표현이지만, 실전에서 우리가 상상하는 것 이상의 역할을 합니다. 하다못해 공간에 흐르는 아름다운 음악만으로도 여성의 마음은 180도 달라질 수 있으며, '사랑을 받고 있다'는 느낌을 주는 말과 행동으로 상대의 태도를 드라마틱하게 변화시킬 수 있습니다.

여자친구가 "몸 대주는 것 같은 기분이 든다"고 말하는 것은, 남자친구를 강간범으로 비난하는 것이 아니라 자신이 지금 사랑받고 있다는 느낌이 들지 않는다는 뜻입니다. "내가 너를 사랑하지 않으면 섹스하고 싶겠니?" 하고 아무리 항변해보셔야 소용없습니다. 표현되지 않은 사랑은 알 수가 없으니까요. 표현해주세요. 난 지금 섹스하고 싶은 것이 아니라 너와 사랑을 나누고 싶은 거라는 느낌이 들 수 있도록 해주세요. 그런 느낌이 들 수 있는 가장 좋은 방법은 정성과 배려입니다. 무작정 모텔에 가자고 이끌지 말고 충분한 데이트로 여자친구의 마음을 녹여주시기 바랍니다. 내가 사랑한다는 것을 몸이 아니라 마음으로 충분히 느낄 수 있도록 말입니다.

침대에서도 당장 삽입할 듯이 덤벼들지 말고 연인의 몸을 내가 얼마나 아끼고 사랑하는지 느끼게 해주세요. 내가 만지고 싶어서 주물러 대는 애무 말고, 내가 상대의 몸을 어떻게 만지면 상대가 기분이 좋을까 고민하는 애무여야 합니다. 언제나 똑같은 패턴(뽀뽀하고 가슴 좀 만지다가 클리토리스 쓰다듬고 애액이 조금 나온 것 같으면 음경을 찔러 넣는)으로 진행하는 애무 말고, 오늘은 발가락부터, 오늘은 허벅지만 10분, 오늘은 백허그로 여자친구의 몸을 따뜻하게 안아주는 것을 목표로 삼는 언제나 변화무쌍한 애무 말입니다. 섹스하기 위해, 음경이 들어가려면 애액이 나와야 하니까, 그러려면 상대를 흥분시켜야 하니까 진행하는 애무 말고, 그냥 오늘은 섹스 안 해도 좋으니 여자친구의 몸 어느 한 부분 또는 구석구석을 어루만지고 예뻐하며 아껴줄 거라는 진심이 느껴지는 애무 말입니다. 그리고 이 모든 애무의 손길은 무조건 '깃털처럼 부드럽게, 스칠 듯이' 해야 합니다.

이런 여성의 본질을 이해한다면 '관계'에서 더 큰 만족감을 주면서, 성관계의 즐거움까지 추구하실 수 있을 것입니다. 그러나 여성이 성관계를 원하지 않는 것에 대해 '내가 쾌감을 주지 못하나?' '이러다가 성관계를 싫어하는 여자와 평생 살아야 하는 건 아닐까?' 등의 생각을 한다면 당연히 섹스가 귀찮아지고, 하기 싫어지고, 해서 뭐하나 싶어집니다. 그런 생각이 들기 시작하면 섹스를 멀리하고 야동을 보게 되며, 연인과의 관계도 시들시들해집니다. 자, 지금의 이 '섹스리스' 상황은 과연 누가 만든 걸까요? 여자 쪽일까요? 아니면 남자 쪽일까요?

여자 쪽은 섹스에 불만을 느끼고 있는 것이 아닙니다. '별로 섹스를 즐기지 않는다'라는 것은 '당신과의 섹스가 재미없어'이거나 '당신을 더는 사랑하지 않아'라는 뜻이 아니라 '나와 좀 더 많이 이야기해줘. 내 생활에 더 많은 관심을 줘. 만나면 섹스 말고도 다양한 것을 함께 경험하고 싶어'의 다른 표현일 뿐입니다.

성적 판타지는 사람마다도 다르지만, 남녀 간에도 참 많이 다릅니다. 섹스 중 가벼운 통증을 유발하는 자극이나 오랄 애무 등은 전형적으로 사람마다 그리고 남녀 간의 호불호가 나뉘는 사안입니다. 이 역시 자신의 의견을 솔직히 털어놓고 연인과 대화해보시기 바랍니다. 사랑한다면 조금씩 양보하면서 서로 다가가는 모습이 가장 바람직합니다. 내 생각을 바꾸면 내 행동이 바뀌고, 바뀐 내 행동은 상대의 행동에도 영향을 주게 됩니다. 진정한 '남자다움'은 자신의 생각을 바꿀 수 있는 용기일지도 모릅니다.

이해보다 의심을 먼저 하는 아내,
바뀔 수 있을까?

Q 아내의 일방적인 무시와 간섭에 지칩니다

언젠가부터 가정 내 여러 불협화음이 걷잡을 수 없이 커지는 것 같아, 여러 방면으로 고민했지만 도저히 해결책이 떠오르지 않습니다. 현재 이혼 얘기가 나온 상태이나 그래도 어떻게든 가정을 지키고 싶습니다. 하지만 행복하게 지낼 수 있을지 많은 의문입니다.

아내는 결혼 후부터 매사 부정적인 의심과 부정적 감정을 키워서, 평소 제가 작은 말실수라도 하면 본인이 느낀 감정을 최대한 이입하여 계속해서 사사건건 불만과 불평을 늘어놓곤 합니다. 남자는 무조건 여자를 무시하는 종족이라고 말하고, 집안일에 의견을 개진하면 남자가 사사건건 간섭한다고 큰소리칩니다. 성관계에 대해서도 짐승이냐, 밝히기만 한다고 비난하며 그냥 누워 있으면서 알아서 빨리 끝내라는 식입니다. 그러다 보니 저 역시 성욕이 생기지 않습니다.

제가 타인에게 친절하게 대하면 제비 같다거나 여자 꼬

시려고 그러고 다니느냐고 비난하는데, 저는 이제껏 한 번도 여자 문제를 일으킨 적이 없습니다. 아이와 주변 가족들만 아니면 이혼하고 싶은 마음이 굴뚝같지만, 가장으로서 다른 가족을 지켜야 하기에 절대 이혼만은 안 된다 생각하곤 합니다. 아내는 언제나 불만과 짜증 섞인 말투로 비아냥거리는 모습을 감추지 않고 전 그걸 보며 어찌할 줄 몰라 하지요.

한 번만이라도 일방적인 방법이 아닌 서로 소통하고 얘기라도 하고 싶은데 아내는 그게 싫은가 봅니다. 자신의 치부를 끄집어내는 것 같다고 하고 도통 대화를 안 하고 혼자만의 방법으로 확대 해석하고 곱씹어 의심하고 쌓아두려는 것 같아 아쉬울 따름이지요.

선생님, 어떤 방법이 있을까요? 주위에선 이혼하라고 하는 분도 많지만 아직은 선뜻 이혼이란 게 다가오지 않습니다. 과연 현실적인 해결책을 찾을 수 있을까요?

A 상대의 행동을 바꾸기는 힘듭니다

결론부터 말씀드리면, 안타깝게도 본인께서 아내를 바꿀 방법은 없습니다. 상대의 행동과 생각이 바뀌길 바라는 것은 많은 분의 공통적인 바람이지만, 상대를 바꾸는 것은 '불가능한 일'입니다. 많은 분이 이 당연한 진리를 잊은 채 상대를 바꾸려고 노력하다 상처 받고, 바뀌지 않는 상대에게 서운함을 느끼곤 합니다. 그래서 언제나 사람과의 관계가 어렵고, 인생이 내 맘대로 되지 않는 것 같고, 배우자가 이기적으로 보이는 것입니다.

사람은 본래 이기적인 동물입니다. 그리고 그것이 옳게 사는 것입니다. 자신을 위해 생각하고 행동하고 남보다 자신을 먼저 배려하는 것이 당연합니다. 그러니 상대에게 "나를 위해 무언가를 해 달라"라며 요구해도, 상대가 그것을 진심으로 원하지 않는다면 실현될 가능성은 적습니다. 물론 사랑하는 사이라면 변화하려고 노력은 할 수 있을 것입니다. 하지만 상대 역시 진심으로 그 일을 원하지 않는다면 결국 행동은 다시 원점으로 돌아오게 됩니다. 따라서 상대를 온전하게 바꾸는 것은 불가능한 일이니 가능한 한 빨리 포기하시기 바랍니다.

단 하나의 방법은 아내분이 스스로 깨닫고 행동이나 신념을 바꾸는 것입니다. 하지만 이것 역시 내가 주는 자극에 의해 그렇게 될 확률은 거의 0%에 가깝습니다. 이해 당사자의 말이나 행동은 결코 '객관적'으로 인식되지 않기 때문입니다. 이것이 많은 부부가 갈등이 생겼을 때 상담사를 찾아가는 이유이며, 부부나 연인 상담은 반드시 두 분이 함께 가셔야 하는 이유입니다. 상황을 객관적으로 바라봐주는 상담사의 의견은 진지하게 경청할 수 있으니까요.

'내'가 할 수 있는 일은 오직 하나밖에 없습니다. 바로 '나의 마음'을 바꾸는 일입니다. 상대의 신념이나 행동은 내가 바꿀 수 없지만, 내 신념이나 행동은 마음먹기에 따라 내가 얼마든지 바꿀 수 있습니다. 언뜻 "그게 무슨 방법이냐? 결국 나 보고 무조건 맞추라는 거 아니냐?"라고 생각하실 수 있습니다. 맞습니다. 그러라고 드리는 말씀입니다. 만약 그러기 싫으시다면 그저 참고 살거나 헤어지는 수밖에 없습니다.

하지만 조금만 마음을 열고 이 방법을 긍정적으로 고민해보셨으면 좋겠습니다. 부부 상담에서 상담사는 종종 상대의 단점과 상대에게 원하는 것들을 종이에 적어보게 합니다. 부부가 적은 종이를 나란히 놓고 비교해보면 같은 사안에 대해 부부가 얼마나 다른 시각을 지니고 있는지 너무도 선명하게 보입니다. 어떤 '문제'에 대해 나는 분명히 상대가 잘못하고 있는 것이라고 확신하는데, 상대는 너무도 분명하게 나를 문제 유발자로 규정하고 있는 것입니다.

즉 내가 마음을 바꾸고 무조건 상대에게 맞추는 행동은, 상대의 시각에서 보면, 내가 스스로 깨닫고 행동이나 신념을 바꾸는 일이 됩니다. 바로 상대가 원하던 일이죠. 내가 그토록 원하던 변화를 상대가 스스로 보여준다고 상상해보시기 바랍니다. 나는 그때부터 배우자가 어떻게 보일까요? 세상에 그렇게 기특하고 예쁠 수가 없을 것입니다. 같은 원리로 나의 그런 변화를 반복적으로 접하게 된 상대는 곧 자신도 모르게 서서히 자신의 행동과 신념을 바꾸어가게 됩니다. 부부 사이의 긍정적이고 바람직한 변화는 그렇게 시작되는 것입니다. 단지 누가 자존심 다 버리고 먼저 시작하느냐의 문제일 뿐입니다.

추가로 하나 말씀드리자면, 아내분의 많은 행동과 신념에서 아버지로부터 받은 상처와 어머니에 대한 연민이 보입니다. 아버지로부터 남성에 대한 혐오와 불신을 얻고, 어머니를 보면서 억눌린 여성으로서의 복수심을 얻으신 것 같습니다. 세상에는 '아버지'와 완전히 다른 남자도 있으며, 여성을 하늘처럼 받들고 사는 남자도 있다는 것을 보여주실 필요가 있습니다. 비록 오랜 시간이 걸릴지 모르지만, 분명히 변화를 만들 수 있습니다.

이러한 모습은 다른 부부의 모습을 통해서도 볼 수 있습니다. A씨의 경우 몇 가지 큰 사건을 겪은 이후 남편과의 심리적 거리가 멀어졌습니다. 함께 있어도 즐겁지 않고 서로의 감정을 공유하지 못하게 되었지요. 하지만 남편은 아내의 기분은 생각하지 않고 성관계를 갖자고 덤비거나 집적거리는 행동을 보였습니다. A씨로서는 남편의 그런 행동들이 더욱 밉게 보였지만 아이가 있어서 이혼을 결심하지는 못하고 있었습니다.

이 부부의 문제를 해결하기 위해선 어떻게 해야 할까요?

우선 남자에 대해 말해보겠습니다. 남자는 대개 성욕이 강한 편입니다. 남성호르몬의 영향이라고 합니다. 무언가에 집중하고 있을 때를 제외하고는 하루 중 대부분을 섹스와 관련된 생각을 하면서 보냅니다. 믿기 어려우시겠지만 이건 유명인도 마찬가지입니다. 그렇게 야동에 집착하고, 내가 소유할 수 있는 여자가 있다면 언제나 보챌 만큼 스킨십이나 성관계를 하기 원합니다. 귀찮기도 하고 어느 때는 한심해 보일 정도입니다. 그게 남자입니다.

남자는 대개 이기적입니다. 타인에 대한 배려와 공감 능력이 여성보다 낮아서 그렇습니다. 예를 들어, 자신이 돈을 벌고 아내는 살림을 맡고 있다면 자신이 힘든 것만 알지 아내가 살림을 하면서 얼마나 힘든지 모릅니다. 자신은 바깥에서 힘들게 일해 돈을 버는데, 아내는 온실 속 화초처럼 스트레스 없이 집에서 편안하게 있다고 생각합니다. 그뿐만이 아닙니다. 남성을 중시하고 효도를 강조하는 유교 문화 때문에 여성은 남편의 부모를 공경해야 한다고 생각하지만, 남편이 여성의 부모를 같은 수위로 대해야 한다고 생각하지 않습니다. 사위의 효도는 선택이지만 며느리의 효도는 의무라고 생각하는 것이죠.

그렇습니다. A씨의 남편은 특별히 나쁜 사람이 아니라 그저 지극히 평범한 '대한민국 남자'입니다. 물론 평범하다고 해서 그게 '옳다'는 것은 아닙니다. 그것이 옳은지 그른지를 떠나, A씨의 남편이 다른 남자에 비해 특별히 더 못됐거나 평균 이하의 인간은 아니라는 것입니다.

이 부부의 관계 개선은 바로 여기서부터 시작되어야 합니다. 내 남자가 지극히 평범하다는 사실을 인정하는 것 말입니다. 그걸 깨닫게 되면 일단 과도하게 남편의 행동이 꼴보기 싫은 것이 다소 줄어들 수 있습니다. 남자가 대개 그렇다면 어느 놈이랑 결혼해도 그게 그거일 텐데 말입니다. 참 자상하고 친절해 보이는 옆집 남자도 막상 같이 살아보면 마찬가지라는 거죠.

사실 아이가 없다면, 어떤 사람 때문에 괴롭고 힘들 때 그 현실을 벗어나는 가장 완벽한 대안은 그 사람을 버리는 일이기도 합니다. 굳이 힘든 가시밭길을 헤쳐 나가야 하는 의무가 우리에겐 없으니까요. 하지만 사랑스러운 아이가 있어서 남편과 헤어질 수 없다면 이렇게 살 수는 없습니다. 하루 이틀도 아니고 앞으로 몇십 년이 될지도 모르는데 말입니다. 그러니 바꾸셔야 합니다. 상대가 아니라 본인을 말입니다.

사람들은 자신을 힘들게 하는 타인이 바뀌길 바라지만,

상대의 생각과 행동을 바꾸는 것은 불가능합니다. 내가 그나마 할 수 있는 일은 '내 생각과 행동을 바꾸는 것'입니다. 남편이 매일 술 마시고 늦게 들어오는 것이 꼴 보기 싫었다면, 이제부터는 '힘들어서 그런가 보다'라고 생각하는 것입니다. 장인, 장모에게 대하는 남편의 태도가 마음에 안 들었다면, '낯선 사람 대하는 걸 싫어하거나 우리 부모님과 잘 맞지 않는 성격인가 보다'라고 생각하는 것입니다. 진심으로 그렇게 생각하시라는 게 아닙니다. 자기 최면을 걸자는 겁니다.

다시 말씀드리지만, 결코 '상대방을 이해하라'고 말하는 게 아닙니다. 그저 이해하는 척만 해도 됩니다. 이해하고 있다고 자신에게 최면을 거는 것입니다. 그렇게만 해도 내 마음은 전보다 훨씬 편해집니다. 마음이 편해지면 상대방을 대하는 나의 태도가 조금씩 달라지고, 그 태도는 결국 상대방의 생각과 행동도 바꾸게 됩니다. 이것이 바로 모든 인간관계 변화의 진리입니다. 내 생각이 변하면 내 행동이 변하고 내 행동이 변하면 상대의 생각과 행동이 변하게 됩니다.

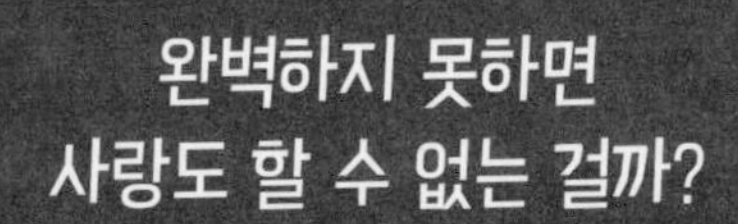
완벽하지 못하면
사랑도 할 수 없는 걸까?

Q 신체적 결함, 거부당할까 두려워요

제게는 밝힐 수 없는 신체적 결함이 있습니다. 연애를 할 때는 상관없지만, 결혼하게 되면 남편에게 제 신체적 결함에 대해 이야기를 해야 하는데 이걸 말할 자신도 없고 설령 말한다 해도 남편이 저처럼 신체적 결함이 있는 여자를 어떻게 생각할지 궁금합니다.

물론 성형수술을 하면 상관이 없겠지만 의료 시술을 한다는 것이 무척 부담스럽습니다. 일상생활에 지장이 없어서 아직 성형외과적 수술을 하지 않았고 파트너를 만나도 필요하지 않은 성형수술은 하고 싶지 않습니다. 하지만 나중에 제 파트너가 알게 된다면 충격을 받고 절 싫어하게 되지 않을까요? 여성의 몸에 수술 자국이 있거나 장애가 있는 것을 남자들은 어떻게 받아들일까요?

또 성관계를 해야 한다고 가정했을 때 성관계 과정에서 벌어지는 상황 자체도 부담스럽습니다. (누군가 내 몸을 보고 만지고 몸에 뭔가 들어오고 아프다는 것, 더 나아가 성관계를 즐길 수 없다는 것) 이런 심리적인 것은 어떻게 해결해야 할까요?

그리고 제 소중한 부분들의 위치를 한 번쯤 확인해야겠다고 생각은 하지만 마음의 준비가 안 된 것인지 어떻게 해야 할지도 잘 모르겠고 보고 충격을 받지 않을까 무섭네요. 괜한 걱정일까요? 다른 사람들도 저와 똑같은가요?

신체상의 문제라는 건 알지만 이게 성적인 부분과 연관이 되어 있고 언론 매체나 주변에서 예쁜 몸 혹은 성관계, 결혼, 출산에 대한 이야기가 나올 때마다 나는 신체적 문제 때문에 예쁘지도 않고 세상의 기준에 미달인 여자라서 사랑받지 못하거나 거부당할 거라는 생각이 드니까 자존감도 떨어지고 많이 위축됩니다.

A 자기 자신을 칭찬하고 사랑해주세요

〈조제, 호랑이 그리고 물고기들〉이라는 일본 영화가 있습니다. 영화 속 여자 주인공 '조제'는 하반신을 움직일 수 없는 장애인입니다. 조제가 사랑하고 실연하고 다시 세상으로 나아가는 내용이 영화의 줄거리인데, 사람들은 이 영화를 '장애인의 사랑'을 다룬 영화라고 착각을 합니다. 이 영화는 그저 '사랑'에 관한 이야기인데 말입니다.

장애를 가진 분들이 종종 착각하시는 게 있습니다. 자신들은 일반인들이 가진 것을 갖지 못했다고 생각하는 것입니다. 그래서 일반인처럼 행동하려 노력하고, 자신들을 그들과 똑같이 대해주길 바랍니다. 착각입니다. 엄청난 착각일 뿐입니다.

모든 인간은 완벽하지 않습니다. 그리고 그 완벽하지 못한 인간은 나름 각자 자신만의 불완전함으로 말미암아 고통을 받으며 살아가고 있습니다. 그래서 인생을 '고해苦海, 고통의 바다'라고 하나 봅니다. 그 불완전함은 때로 신체적일 수도 있고, 심리적일 수도 있으며, 물질적일 수도 있습니다. 그리고 진짜 중요한 것은 그 불완전함의 종류가 아니라 그것을 어떻게 받아들이고 살아가느냐 하는 '태도'입니다.

우리 이야기로 돌아와 보겠습니다. 본인이 가진 신체적 결함을 배우자가 어떻게 생각하느냐가, 중요한 문제가 아니라는 걸 이해하셨는지요? 돈이 없어도 나를 사랑해주는 남자, 키가 작아도 나를 사랑해주는 남자, 말을 잘 못해도 나를 사랑해주는 남자가 그런 장애를 가진 분들의 배우자가 되는 것처럼, 내 신체적 결함까지도 안아줄 수 있는 남자가 내 배우자가 될 뿐입니다. 그리고 만약 어떤 남자를 만났는데 신체적 결함 때문에 나를 꺼린다면 아주 심플하고 명확하게 생각하시면 됩니다. "이 남자는 내 남자가 아니다."

한마디로 결론 내리면, 내가 가진 장애를 사랑해주거나, 또는 내가 장애를 가졌음에도 나를 사랑해주는 남자를 만나시면 됩니다. 다만 조건이 하나 있습니다. 그 장애를 내가 먼저 사랑해야 한다는 것입니다. 나조차도 사랑하지 않는 '나'를 사랑해줄 사람은 세상 어디에도 없습니다. 반대로 내가 가진 장애가 타인의 혐오까지 일으킬 수 있는 모습이라고 해도, 내가 나를 사랑하고 아낀다면 세상도 나를 아껴주는 경험을 하실 수 있습니다.

자신을 사랑하지 못하는 사람들은 자존감이 낮기 때문입니다. 그리고 자존감이 낮은 분들의 가장 큰 특징은, 타인을 심하게 의식하는 것입니다. 자신이 타인에게 짐이 될까 걱정하거나 자신과 타인을 비교하고, 자신을 향한 타인의 의견이나 행동에 과도하게 의미를 부여하고 고민합니다. 그러니 타인이 칭찬이나 격려를 해도 진심으로 느끼지 못하고 그 기쁨도 오래가지 않습니다.

자존감을 높이는 방법은 생각보다 간단합니다. 의도적으로라도 '나'를 세상의 중심에 놓으면 됩니다. 내가 하는 일은 내가 세상에서 가장 잘 알고, 내 판단이 무조건 옳으며, 다른 사람은 모두 하찮고 부족한 존재라고 생각하는 것입니다. 내가 하는 실수는 무조건 용서하고, 내가 하는 일은 무조건 잘될 거라는 긍정적인 사고를 지니며 끊임없이 자신을 격려하고 칭찬합니다. 일반적인 사람이 이런 훈련을 하면 자존감이 과도하게 높아져서 오만해지는 부작용이 있지만, 자존감이 낮은 분들은 얼마든지 이런 훈련을 해도 그 경지까지 가지 않으니 "이래도 되나?" 하는 걱정은 버리시고 무조건

실행하시면 됩니다.

타인에 대한 까칠한 행동이나 의심도 모두 자존감이 낮은 분들의 행동 양태입니다. 따라서 자존감을 높이면 나도 모르는 사이에 사회성이 높아져 주변에 사람들이 모이게 됩니다. 내가 스스로를 인정하고 좋아하고 칭찬하고 사랑한다면, 내 주변 사람들도 나를 좋아하고 칭찬하고 사랑해주게 됩니다. 누구나 가능한 방법이니 꼭 실천해서 바꾸셨으면 좋겠습니다.

신체적 결함 때문에 본인의 몸을 바라볼 용기가 없다고 하셨나요? 내가 내 몸을 사랑하지 않는데, 내가 내 몸을 예뻐하지 않는데, 내가 내 몸을 두려워하는데, 도대체 세상 누가 내 몸을 사랑해주겠습니까. 사람들은 놀랍게도 이 사실을 정말 기가 막히게 알아차립니다.

내가 괄시하고 내가 혐오하고 내가 도망치고 싶어 하는 '나'는 정말 잔인하게도 세상 사람들에게도 똑같이 괄시당하고 혐오 당하고 무시당합니다. 하지만 반대로 내가 진심으로 나를 사랑하고 예뻐하고 아낀다면 놀랍게도 세상 사람들도 '나'를 사랑하기 시작합니다. 내가 사랑하는 것을 사람들도 사랑하는 것입니다. 그저 위안을 드리기 위해 하는 말이라는 생각이 든다면, 속는 셈 치고 한번 해 보시기 바랍니다. 당장은 아니더라도 점점 놀라운 변화가 생기게 될 것입니다.

꼭 부탁드립니다. 내 안의 '장애'에게 지금 세상에서 가장 큰 힘이 될 수 있는 유일한 벗은 바로 '나' 자신이라는 것을 명심하시고, '내 안의 나'를 외롭게 두지 말아주세요.

지나간 일이
나의 미래를 가로막을 때

Q 남자 앞에만 서면 벌벌 떨어요

저의 트라우마라고 해야 할까요? 아빠를 무서운 사람, 나를 항상 무시하던 사람으로 오랫동안 생각해왔던 것부터 시작해서 학창시절에는 남자아이들에게 무시당하고 수군거림을 받은 기억이 남아 있어요. 그러다 보니 성인이 돼서도 남자관계에서 저를 드러내려 하지 않고, 더 소심해지기만 합니다. 기가 세고 활발한 남자 앞에서는 입 한 번 떼지 못하고 벌벌 떨기만 해요.

그러다 보니 남자와 사귄 적도 없습니다. 관심은 많습니다. 좋아하던 남자도 있었고요. 근데 어느 순간 제 안에서 표현하지 말라고, 참으라고 합니다.

남자들과의 관계에서 입 닫고 묻는 말에만 일차원적으로 대답하는 제 모습이 너무 한심한 것도 있지만, 정상이 아니라는 생각이 듭니다. 한 번도 남자와 진실한 관계를 맺어본 적이 없어서일까요? 아빠나 남학생들에 대한 트라우마가 있어서일까요?

이제는 아무도 제게 다가오려 하지 않습니다. 어떻게 하면 두려움을 이겨낼 수 있을까요? 이제는 사람들 속에서 행복하게 살고 싶습니다.

A 미래의 나는 내가 만들어가야 합니다

과거의 경험이 현재의 행동에 영향을 미치는 것은 사실이지만, 모든 현재 행동의 원인을 과거의 경험에서 찾으려고 하는 것은 '프로이트 심리학'의 전형적인 오류 중 하나입니다. 그렇지 않은 예외들이 훨씬 많으니까요. 또 과거의 경험에 그 원인을 떠맡기면서 현재의 나에게 면죄부를 주기도 합니다. 현재의 내가 어떻게 할 수 없는 증상이라고 치부해버리는 거죠. 그러면 그 증상의 개선 과정은 더 느려지고 길어질 수밖에 없습니다.

참 안타깝게도, 세상에서 '나'의 존재를 가장 무시하는 사람이 '가족'일 때가 많습니다. 사회에서는 능력을 인정받는 남자가 집에서는 무능한 가장으로 평가되기도 하고, 밖에서는 예쁘고 착하다고 칭찬 듣는 아이가 집에서는 한심한 자식으로 취급받기도 하죠. 가깝다는 이유로 가치를 알아보지 못하고, 편하다는 이유로 함부로 대하기에 생기는 부작용입니다. 이럴 때의 가족은 차라리 없는 것만 못하고, 심지어 이런 평가 절하의 정도가 심해지면 받는 이에게 깊은 트라우마를 남기기도 합니다.

가정 폭력이나 왕따와 같은 일들을 경험해 보지 못한 사람은 그 사건들이 얼마나 사람을 지옥으로 빠뜨리는지 알지 못합니다. 빠져나오려고 몸부림칠수록 더 수렁으로 빠져들어 가는 느낌, 무언가에 대해 매일매일 반복적으로 공포를 느낀다는 것이 얼마나 처절한 절망인지, 경험해 본 사람만이 그 감정을 이해할 수 있습니다. 그렇기에 저 역시 쉽게 "힘내세요"라는 말씀을 드리지는 못합니다. 다만, 꼭 드리고 싶은 이야기가 하나 있습니다.

과거의 나쁜 기억을 현재까지 트라우마로 간직하는 것은 결국 '나'입니다. 모든 원인은 내게 고통을 주었던 그 사람들, 그 사건들, 그 상황들이지 내가 무슨 잘못이 있다고 그렇게 말하느냐고 항변하시면 할 말은 없습니다. 맞습니다. 당연히 일차적인 책임은 그 원인 제공자들에게 있습니다. 그리고 그 원인을 단죄하면 트라우마는 다소 약해질 수 있습니다. 하지만 만약 그 원인이 지금은 사라지고 없다면, 그래서 내가 할 수 있는 일이 아무것도 없다면, 그렇게 이제 내게 남은 것은 기억뿐이라면, 지금 내가 아프지만 바라봐야 하는 현실은 바로 지금 그 기억을 끌어안고 있는 것이 '나'라는 사실입니다. 그리고 그 기억을 가진 나는 '자기 보호 본능'에 의하여 지금의 '차가운 나'를 만들고 말았습니다.

이러한 마음의 바닥에는 거부당하고 미움받고 버림받는 것에 대한 근본적인 공포가 있습니다. 그 공포가 가장 극에 달하는 순간은, 나는 아무 잘못도 없고 정상이며 멀쩡함에도 사람들이 나를 거부하고 미워하고 버릴 때입니다. 그 순간의 절망을 나는 견딜 수 없습니다. 그래서 내가 나를 지키는 방법으로 '거부당하고, 미움받고, 버림받을 만한 사람'으로 나를 미리 포장하는 것입니다. 적어도 포장을 하고 나면, 거부당해도 미움받아도, 버림받아도 덤덤할 수 있습니다. 멀쩡한데 그런 일을 당한 게 아니라 그럴 만한 사람이라 그런 일을 당한 거니까 적어도 억울함에서는 벗어날 수 있습니다. 그렇게 조금씩 타인에게 마음을 열지 못하게 된 내가, 감정이 무덤덤해진 내가, 더 망가질 수도 없을 만큼 비참해 보이는 내가, '나 스스로'에 의해 탄생한 것입니다.

나는 계속 비참한 인생으로 나를 포장할 것이고, 사람들은 그러는 내게 애정을 주지 않을 것입니다. 하지만 내 안에서 외로움에 대한 욕망은 발버둥 칠 것이고, 계속 나를 그렇게 포장해야 한다고 주장하는 나와 이제는 사람을 만나 남들처럼 살아보고 싶다는 내가 충돌할 것입니다. '또 상처받으면 어떡할래?'라며 협박하는 나와 그래도 이렇게 살고 싶진 않다고 생각하는 내가 계속 충돌하다가 결국 스스로 컨트롤할 수 없는 정신분열의 세계로 빠져 들어갈지 모릅니다.

부여잡고 있는 것이 '나'라면, 과거와의 연결고리를 끊어낼 수 있는 것도 '나'입니다. 남이 주는 상처 따위 한 잔 술에 날려 버릴 수 있는 것도 '나'입니다. 여전히 내 안에서 울고 있는 어린 나를 토닥이며 위로할 수 있는 것도 '나'입니다. 적어도 남들만큼은 행복하게 살려고 노력할 수 있는 것도 '나'입니다.

이제 '비참한 인생'으로 나를 보호하는 것은 끝내셨으면 좋겠습니다. 이제 더는 내게 옛날처럼 상처를 줄 사람도 없어진 나이가 됐습니다. 만약 아직도 누군가가 상처를 주려 한다면 칼로 툭~ 끊어내면 그만입니다. 난 이제 성인이 되었으니까요. 무엇보다 그 정도 했으면 충분히 불행했으니, 이제는 나도 행복해질 자격이 있다는 것을 스스로 인정하셨으면 좋겠습니다.

서론이 길었지만 하고 싶은 말은 간단합니다. 과거 아빠의 기억이나 나를 힘들게 했던 남자아이들에 대한 기억이 어떻든 간에 지금의 나는 내가 만들어가는 것입니다. 우선 '내가 되고 싶은 모습'을 아주 구체적으로 종이에 적어보시기 바랍니다. 글뿐만 아니라 그림까지 곁들여 작성하면 더 좋습니다. 구체적인 결과물이 나오면 또 한 장의 종이에는 그 모습을 갖추기 위해 내가 하면 좋을 '위시 리스트Wish List'를 만드시기 바랍니다. 개수는 중요하지 않습니다. 하면서도 즐겁고, 하고 나면 자부심을 갖게 될 내용이면 더 좋겠죠. 그리고는?

하나씩 실천하는 겁니다. 하나씩 하나씩. 그렇게 본인이 원하는 모습을 스스로 만들어나가세요. 어렵지 않습니다. 애초에 그랬어야 하는데 하지 않았던 것뿐입니다. 이제라도 새롭게 시작하면 됩니다. 주체적으로, 내가, 내 인생을, 나 스스로, 새롭게 디자인하는 것입니다.

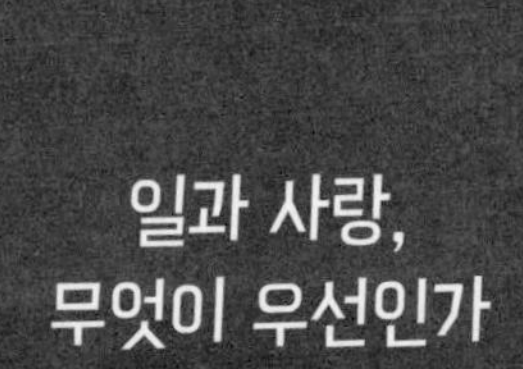

일과 사랑,
무엇이 우선인가

Q 나보다 일이 우선인 남친, 지나친 욕심일까요?

처음으로 남자친구를 사귀게 되었습니다. 그런데 그 남자친구와의 관계가 이대로 괜찮은지 많은 고민이 됩니다.

어느 날, 제가 마음이 너무 힘들다고, 위로가 필요하다고 얘기했는데도 불구하고 술자리를 다 마치고 뒤늦게 오는 남자친구에게 서운한 마음이 들었다는 걸 얘기했습니다. 제가 정말 걱정됐다면 그 자리를 가지 않고 제게 바로 왔을 수도 있고, 설사 꼭 참석해야 해서 갔다면 사정을 얘기하고 금방 일어나서 저한테 와줄 수 있는 게 아닌가 하고 생각했기 때문입니다.

그날뿐만이 아닙니다. 항상 회사 일이 있으면 그것들이 저희 관계의 만남보다 우선이고 자신이 가능한 상황, 할 수 있는 상황에서만 저를 만나려고 하는 모습을 보면서 결국 저를 그만큼만 좋아하는 거지 정말 사랑하는 건 아니라는 생각이 듭니다. 회사 일이 중요하다는 것은 알고 있습니다. 하지만 제가 힘들어할 때 한 번쯤은 저를 먼저 생각해줄 수도 있는 게 아닌가요?

연인 사이는 무엇보다 서로 힘들고 외로울 때 위로가 되어주고 나의 아픈 부분이나 힘듦을 나누고 함께하는 것이 중요하다고 생각하는데 지금까지 남자친구를 만나면서 직접적으로 위로받은 적이 없다는 느낌이 들어 앞으로 제가 이 사람과 결혼생활을 하는 데 있어서 과연 제가 생각하는 것들을 함께 나눌 수 있을지, 평생 혼자 외롭지 않을지 불안하고 걱정이 됩니다.

사랑이란 상대방을 위해서 나를 희생하고 나보다 상대방을 더 위하는 마음이라고 생각하는데 저희는 서로 이해받기를 바라고 사랑받고 싶어 하기 때문에 매번 싸움이 되는 게 아닌지, 둘 중 어느 하나 변하지 않으면 앞으로도 마찬가지일 텐데 결혼까지 생각하고 만남을 지속하는 게 과연 맞는 일인지 너무 고민스럽습니다.

상대방이 변하기를 바라지 말고 내가 우선 변해야 한다는 건 알겠는데 과연 제가 그렇게 하면서 남자친구 곁에서 행복을 느낄 수 있을지 모르겠습니다. 누군가와 어렵게 함께한 시작인데, 이렇게 끝나도 괜찮은 건지 끝날 때 끝나더라도 제가 노력해야 하는 부분이 있다면 그렇게 해서라도 이 관계를 통해 조금 더 제가 성장할 수 있었으면 좋겠습니다.

A 내가 먼저 상대를 배려해야 합니다

"사랑이란 상대방을 위해서 나를 희생하고 나보다 상대방을 더 위하는 마음."

맞습니다. 여성분의 말씀처럼 사랑은 나보다 상대가 더 귀하고 소중해지는 경험이며 그 생각은 행동으로 나타나기 마련입니다. 두 분 모두 상대에게 그렇게 행동할 때, 남들이 보기에도 '아름다운' 사랑이 만들어지는 법입니다.

오랫동안 연애를 이어가기 위해서는 상대방을 배려하고 관계를 유지하기 위해 희생하는 이타적인 행동이 필요하죠. 내가 아파서 쓰러졌을 때 다른 급한 일이 있어도 내팽개치고 나에게 달려와준다거나 친구와의 약속보다는 나와의 약속을 우선시해준다거나 하는 것 등 말입니다.

하지만 그것은 자연스럽게 자신의 마음에서 우러나와서 해야 하는 것이지 누군가의 강요에 의한 것이라면 결코 진정한 사랑이라고 할 수 없을 것입니다. 사랑의 본질은 누군가에게 내가 세상에서 가장 소중한 존재가 되는 경험입니다. 사랑은 무엇보다 내가 행복해야 합니다.

서로 상대가 배려하고 희생하기를 원해서 '싸움'이 된다면 '관계'에 대하여 처음부터 다시 생각해볼 필요가 있습니다. 다만, 그 전에 한 가지는 반드시 해보셨으면 좋겠습니다. 상대가 그러건 말건 적어도 나만이라도 상대를 위해서 나를 희생하고 배려하고 생각하고 위하는 생활을 3개월 이상 해보는 것입니다.

물론 시작하기 전에 '난 앞으로 이렇게 할 거야'라고 상대에게 알려주세요. 무딘 사람은 내 행동의 변화를 모를 수도 있으니까요. 사랑은 서로의 발걸음을 맞춰가는 과정이라고도 할 수 있습니다. 만약 그 과정의 끝에서 상대도 나처럼 바뀌지 않고 오로지 받기만 하는 것 같다면 그 사람과는 헤어져도 무방할 것 같습니다.

다만, 다른 분을 만나더라도 이것 하나는 꼭 잊지 않으셨으면 좋겠습니다. 내가 타인에게 무언가를 바라면 그 바람은 언젠가 상처가 되어 돌아올 수 있습니다. 그러니 앞으로는 그 바람을 현실화시키기 위하여 내가 무엇을 해야 하는가를 고민하시기 바랍니다.

사랑의 속삭임과
심리적 온도의 상관관계

Q 표현이 부족하다고 사랑이 부족한 것인가요?

저는 사랑을 믿지 못하겠습니다. 물론 연애도 여러 번 해보았고, 지독한 짝사랑도, 사사로운 호감을 가져본 적도 있으며, 다른 이들에게 애정을 받아보기도 했습니다. 하지만 그 어떤 것도 사랑이 맞는지 모르겠다는 것이 문제입니다.

저는 사랑이라는 것을 하면서 저를 잃고, 타인을 위해 무언가를 바꾸거나 고쳐나가는 것이 어렵게 느껴지고, 더 크게 생각해보면 반감까지 듭니다. 제 주변 연애하는 사람들을 보면 혼자로써 온전하지 못하고 불안정한 사람들 같다는 생각을 합니다. 상대방의 말 한마디에 무너진다거나, 아주 사소한 것이 큰 싸움이 된다거나, 헤어짐을 이야기해도 반성하거나 혹은 자존심 다 깎아가며 붙잡는 모습들을 보면 그런 생각이 들어요.

저는 애초 사랑 표현에 인색한 사람입니다. 사랑한다는 말이 거추장스럽게 느껴지고, 민망하고, 상대방을 정말 사랑한다는 느낌을 잘 모르겠습니다. 이렇다 보니 첫 연애를 할 때 사랑 표현이 너무 부족하다는 이유로 상대방이 서운함을 느끼고 다툼도 잦았습니다. '연애를 하면서 사랑한다는 말이나 표현이 꼭 필요한 걸까?' 하는 의문도 들었지만 그 후에 연애를 할 때도 상대는 '사랑해'라는 말과 표현을 필수적으로 여겼고, 주변 지인들에게 털어놓아도 항상 돌아오는 대답은 "네가 정말 사랑하는 사람을 못 만나봐서 그래" 하는 대답뿐이었습니다.

제가 생각하기에 저의 마음의 온도는 미적지근하다고 생각합니다. 누군가를 좋아하고 사랑한다고 해도 활활 타오르는 것은 아니지만, 자연스럽고 잔잔하게 사랑을 품고 있는 것이 저의 사랑이라고 생각합니다. 하지만 항상 이런 저의 생각이나 의견은 '정말 사랑하는 사람 못 만났기 때문'이라는 말로 묵살되었습니다. 정말 제가 사랑하는 사람을 못 만나봐서 이렇게 생각하는 것일까요?

저에게 사랑을 이야기하고 애정을 주던 사람들이나 저를 짝사랑하던 사람들도 열리지 않는 제 마음의 문을 두드리는 일에 지쳤을 겁니다. 저는 마음이 다른 사람들과는 관계 유지가 어려워 바로 정리를 하곤 하지만, 한때 제게 사랑을 말했던 사람들이 떠나고 또 다른 사랑을 반복하는 것에 회의감이 듭니다.

연애가 아니어도 모든 인간관계에서 사람과 사람이 어울려 지내려면 어느 정도 맞춰가야 하는 것도 알고 있지만 연애와 관련된 일에서만 이렵니다. 오히려 친구 관계에서는 남녀불문하고 잘 지내려 하는 편이죠. 사실 친구 사이에도 서로 가치관이 다르거나 의견이 맞지 않고, 어떤 사건으로 인해 남남이 될 수 있는 건데 유독 사랑에만, 연애에서만 이러는 이유가 궁금합니다.

저의 과거에 지독한 짝사랑을 했을 때 마음을 주체하지 못했던 모습, 너무 어설프고 끝도 흐지부지해서 자꾸만 마음에 남는 첫 연애, 거기서 오는 자기혐오일까요? 아니면 자기연민일까요. 같은 일을 반복하고 싶지는 않고 짝사랑을 했을 때의 제 모습이 바보같이 느껴집니다. 너무 휘둘렀다고 생각하고, 쓸데없이 너무 마음 아파했다고도 생각해요. 그 뒤에 했던 첫 연애도 바보 같은 제가 싫어서 벽을 치고 적정거리를 유지하다 후회만 잔뜩 남아서 사랑이라는 것에 대한 기억이 좋지 못한 것 같기도 합니다.

A 사랑은 사람을 변화시킵니다

'사랑'에 대한 태도는 분명 '가치관'입니다. 연인 간의 사랑을 내가 어떻게 규정하고 나에게 다가오는 사랑을 내가 어떤 방식으로 대하느냐는 결국, 내가 사랑에 대하여 어떤 가치관을 지니고 있느냐에 따라 결정된다는 뜻입니다. 따라서 내가 지닌 사랑 외에 다른 가치관을 평가하는 기준이 오로지 '나'여야만 하는 것처럼, 사랑에 관한 나의 가치관 역시 결국 '나'에 의해서만 평가되면 됩니다. 이것이 바로, 타인이 아무리 "정말 사랑하는 사람을 못 만나 봐서 그래"라고 이야기해도 그냥 무시하셔도 되는 이유입니다.

하지만 예외가 있습니다. 내가 가진 사랑에 관한 가치관이 내가 경험했던 과거의 특정 사건이 원인이고 그 사건으로 말미암아 지금의 내가 원하지도 않는데 그런 가치관을 가지게 됐을 경우입니다. 사실 그 가치관대로 생각하고 행동하는 것이 내가 '진심으로 원하는 것'도 아니라면 말입니다. 그때부터 이 가치관은 반드시 극복해야 하는 대상이 됩니다.

사연 주신 분의 사연을 잘 알지 못하는 사람은 아마도 무척이나 냉소적이고 인간관계의 맺고 끊음이 분명해서 가까이하기 어려운 사람이라고 생각할지 모릅니다. 하지만 사연 주신 분은 그런 분은 아닙니다. 사연 주신 분은 본인을 '저의 마음의 온도는 미적지근하다고 생각합니다'라고 표현하셨지만, 저는 그렇지 않다고 생각합니다. 어설프게 사연 주신 분을 위로해보려고 드리는 이야기가 아닙니다. 정말로 마음의 온도가 미적지근한 분은 연애뿐만 아니라 친구 관계에서도 잘 지내려는 노력을 하지 않기 때문입니다. 친구 관계를 유지하기 위해 노력한다는 것은 처음부터 마음이 따뜻한 분이라는 뜻입니다.

그런데도 연인 관계에만 유독 차가워진 이유는 마지막에 언급하셨던 것에 답이 있습니다. '저의 과거에 지독한 짝사랑을 했을 때 마음을 주체하지 못했던 모습, 너무 어설프고 끝도 흐지부지해서 자꾸만 마음에 남는 첫 연애.' '한때 제게 사랑을 말했던 사람들이 떠나고 또 다른 사랑을 하는 모습에 드는 회의감'이 그 원인인 것이죠.

그렇다면 사연 주신 분은 애초에 사랑 표현에 인색한 분일까요? 아니면 자신은 사랑 표현에 인색한 사람이라고 생각해서 그렇게 행동하는 분일까요? 또는, 원래부터 사랑을 믿지 못하셨던 걸까요? 아니면 언제부턴가 사랑을 믿지 못하게 되신 걸까요?

해답은 생각보다 쉽습니다. 이미 '아무튼 이런 마음을 좀 고치고는 싶어요. 연애에서는 조금 고칠 필요성이 있는 것 같기도 해요'라고 생각하고 계시니까요.

사연 주신 분은 과거의 사랑에 후회가 남아 스스로의 마음을 억제하고 있다고 보입니다. 똑같은 상처가 생기는 것이, 후회가 남는 것이 두려워서 연인에게 마음의 벽을 만드는 것이죠. 더 나은 사랑을 하기 위해서는 연인을 향해 미리 철벽처럼 쳐둔 가시를 걷고 내 성벽의 문을 나 스스로 열 수 있도록 노력해야 합니다. 그리고 그 과정에서 다시 상처받더라도 두려워하거나 너무 심하게 아파하지 말고, 그저 모든 사람이 '연애'라는 과정에서 겪게 되는 '경험'이라고 생각하는 것입니다. 이 변화는 스스로 만드셔야 합니다. 그 누구도 도와줄 수 있는 일이 아닙니다.

다만 그럼에도 "저는 사랑이라는 것을 하면서 저를 잃고, 타인을 위해 무언가를 바꾸거나 고쳐나가는 것이 어렵게 느껴지고, 더 크게 생각해보면 반감까지 듭니다. 제 주변 연애하는 사람들을 보면 혼자로써 온전하지 못하고 불안정한 사람들 같다는 생각을 합니다. 상대방의 말 한마디에 무너진다거나, 아주 사소한 것이 큰 싸움이 된다거나, 헤어짐을 이야기해도 반성하거나 혹은 자존심 다 깎아가며 붙잡는 모습들을 보면 그런 생각이 들어요"라고 하신 말씀에는 박수를 드리고 싶고 앞으로도 지켜나가셨으면 좋겠습니다. '이렇게 사랑에 종속되는 모습'과 '사랑에 적극적인 태도'는 결코 같은 말이 아니거든요. 종속되는 이런 모습 없이도 얼마든지 예쁘고 건강하게 사랑할 수 있습니다. 아니, 그런 모습이 없어야 더 예쁘고 건강한 사랑입니다.

사랑은 둘이 만나 서는 것이 아니라 홀로 선 둘이 만나는 것이라는 말이 있습니다. 서로 가장 독립적이고 주체적일 때, 그 사랑 역시 오래도록 빛이 날 수 있습니다.

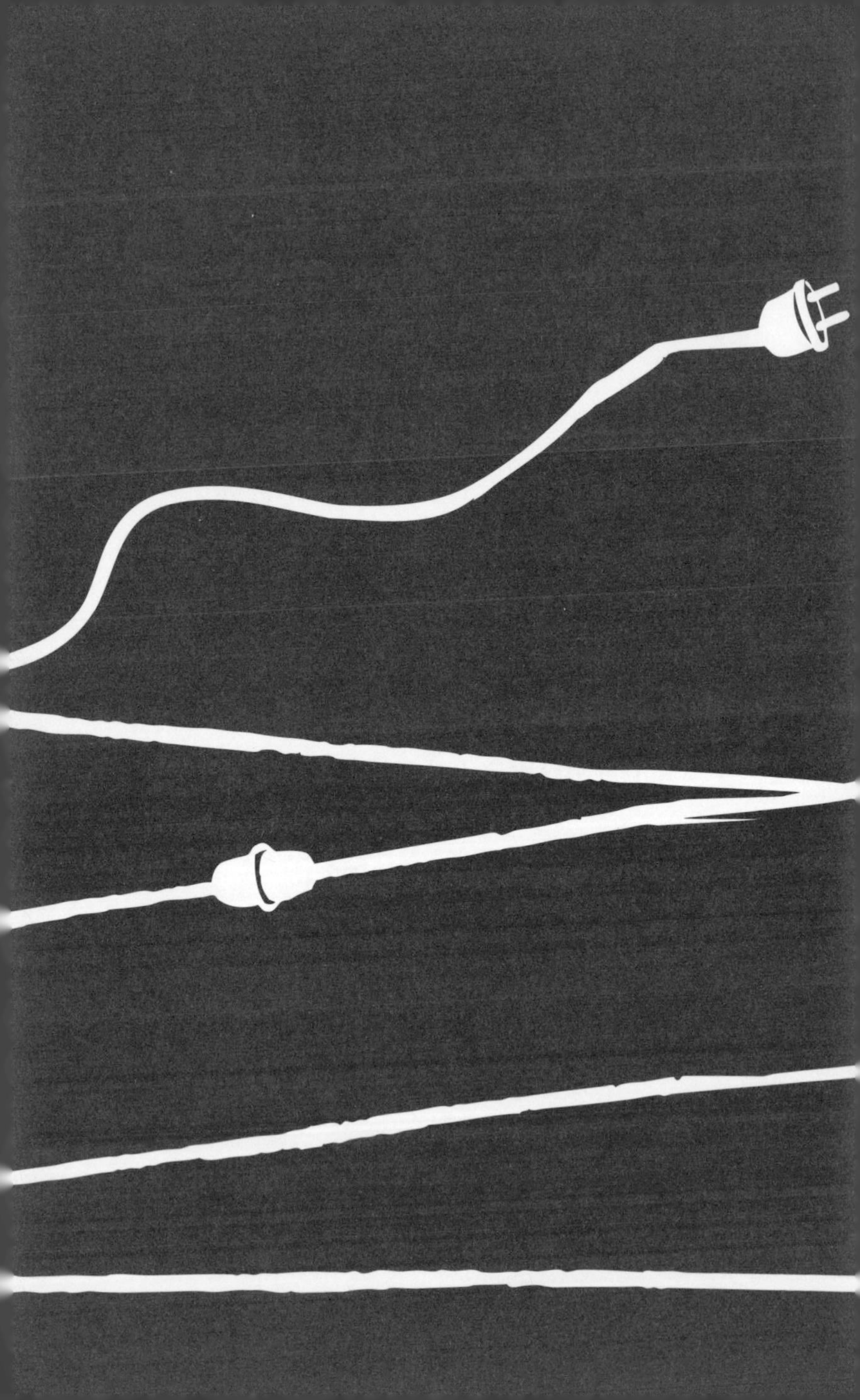

3장

애써 외면해왔던 감정과 마주보는 순간

다른 남자에게서 행복을 찾는 아내

Q 성적 만족을 주는 남자를 만났어요

남편에게 언제부터인가 성적으로 문제가 생겼습니다. 극복을 위해 노력했지만, 언제나 수동적인 남편을 데리고 혼자만 끙끙 노력하는 것도 이제는 지쳐만 갑니다. 남편은 착하고 섹스 말고는 아무 문제도 없지만 전 정말 말로 할 수 없이 힘든 날들을 보냈습니다. 1%밖에 안 되는 성 문제가 결혼생활을 정상적으로 지속할 수 없게 만드는 이유가 될 줄 몰랐습니다.

그러다 한 사람을 만나게 되었습니다. 처음엔 이렇게 깊어질 줄 몰랐어요. 그저, 고통스럽고 힘든 순간이 싫어서 마음을 기댔던 건데 어느새 저는 그 사람에게 많이 의지하고 있어요. 남편에게 느껴보지 못한 성적인 감정, 교감, 재미….

아이들한테는 미안하지만 여자로서 행복해지고 싶다, 사랑받는다고 느끼고 싶다, 아내로서의 보호가 아니라 매력 있는 동등한 한 인격체로 살아보고 싶다는 생각들이 자꾸 들더군요. 물론, 가족에게도 미안하고 이 관계가 앞으로 어떻게 될지 모른다는 데 대한 슬픔이 있죠.

그런데 그 사람이 저를 대하는 태도가 처음과는 많이 달라졌습니다. 처음에는 정말 너무 애틋하고 안타깝기만 해서 멀리 있어도 옆에 있는 것처럼 따뜻하고 안정감이 있었죠. 설레기도 했고요. 하지만 그는 변했습니다. 다툼도 있고 헤어짐도 있고 그렇게 이제는 마치 오래된 부부처럼 대합니다.

앞으로 뭐가 어떻게 될지 정말 하나도 모르겠습니다. 그냥 전 오늘 제가 원하는 삶을 살고 싶은데 제 삶은 어떻게 되어 갈까요?

A 상대에게 만족을 찾으면 악순환이 반복됩니다

상담을 하다 보면 저는 종종 왜 세상에 변하지 않는 사랑은 없는 걸까? 한숨을 쉬곤 합니다. 연인이나 부부간 사랑의 화학 반응이 한 번 생긴 후 변하지 않는다면 세상의 가장 커다란 아픔 하나가 사라질 수 있을 텐데 말입니다. 하지만 그런 바람은 판타지에서나 존재하고 현실은 냉정하기만 합니다.

현재의 배우자가 싫어 이혼하는 분의 경우, 곧 다시 재혼하곤 합니다. 그 사람이 싫었던 거지 결혼 자체를 부정한 게 아니어서도 있지만, 대개는 결혼이 주는 '누군가와 함께'라는 공동체 의식에서 벗어나면 왠지 외롭고 불안하고 허전하기 때문이죠. 하지만 곧 깨닫습니다. '사람이 문제가 아니었구나, 결혼이라는 게 원래 이런 거구나' 하고 말입니다.

현재의 상사가 싫어서 직장을 옮기는 분들도 마찬가지입니다. '절이 싫으면 중이 떠나면 그만이지'라는 마음으로 사직서를 내고, '어디든 여기보다는 나을 거다'라는 생각으로 다른 회사로 옮기지만 마찬가지입니다. 어디나 소위 '진상'들은 있기 마련이니까요.

인생의 판단 조건이나 기준이 '내'가 아닌 '남'인 분들은 그렇게 평생 쳇바퀴 돌 듯 악순환을 반복합니다. A가 싫어 B로 향하지만, B도 결국 A와 크게 다르지 않다는 걸 깨닫게 되면서 말입니다. 하지만 모든 것을 내 기준으로 생각하고 결정하는 분들은 조금 다릅니다. 타인에게 쉽게 실망하지 않습니다. 타인이 바뀌어도, 내 곁을 떠나도, 나에겐 '내'가 남아 있으니까요. 즉 사람을 피해서 직장을 옮긴 게 아니라 그 회사로 '내'가 가고 싶어서 내 기준으로 직장을 옮긴 분들은 그곳에서 진상을 만나도 쉽게 처리할 수 있습니다.

현재 사귀는 그분에게 "남편이 우리 사이를 알았다"라고 해 보시기 바랍니다. 어떻게 반응하시는지를 보면 그분이 진심으로 사연 주신 분을 사랑하고 있었는지를 알 수 있습니다. 그렇게 확인한 그분의 실체가 때로는, 지금의 결혼 생활보다 더 큰 아픔일 수도 있겠죠. 하지만 내가 필요해서 그 사람을 사랑했고, 그동안 충분히 행복했다면 설사 그 사랑이 위선이었다 해도 그다지 마음 아프지 않습니다. 또 다른 좋은 사람을 만나면 그만이니까요. 세상의 기준이 그 사람일 때는 헤어짐이 죽을 것처럼 아프지만, 세상의 기준이 '나'일 때는 찰과상 정도일 뿐입니다.

내 인생은 누구의 것일까요? 언뜻 멍청해 보이기까지 한 이 질문에 선뜻 '내 인생은 당연히 내 것이지!'라고 답하실 수 있으신지요?

사람들이 사랑을 할 때 흔히 착각하는 것이 있습니다. 한 가지 예를 들어보겠습니다. 한창 사랑 중인 연인은 둘 다 인생의 '주인공'입니다. 서로 상대를 주인공으로 만들어주는 것입니다. 그래서 어디서나 사랑하는 연인은 빛나 보입니다. 둘 다 주인공이니 말입니다.

하지만 사랑이 깨지면 더는 상대역의 주인공이 존재하지 않습니다. 그래도 '인생'이라는 영화에서 주인공은 반드시 필요한 법이니, 그렇게 두 사람은 서둘러 자신의 인생에서 자신을 주인공으로 만들어줄 또 다른 사랑을 찾아 떠나가게 됩니다.

문제는 한 사람만 떠났을 때입니다. 그는 자신을 주인공으로 만들어줄 또 다른 연인을 찾아 떠났지만, 나는 여전히 그 사람만이 내 영화의 주인공이어야 한다고 생각합니다. 주인공이 '둘'이었다는 것도 잊은 채, 여자 주인공이었던 나를 잊고 오직 남자 주인공에게만 집착합니다. 그 사이 또 다른 주인공이었던 '나'는 존재조차 희미해지며 점차 사라지게 됩니다. 이 영화는 분명히 내가 만들고 있고 내 영화인데 마지막까지 유일한 주인공으로 남아야 하는 '나'를 내가 지워버리고 있는 셈입니다. 이 세상에서, 지워지고 있는 '나'를 다시 살릴 수 있는 유일한 단 한 사람은 바로 '나'인데 말입니다.

그를 보고 싶어 하고 그리워하며, 다른 사람과의 새로운 사랑은 꿈도 꾸지 못하는 이 영화가, 정말 내 인생 맞을까요? 부디 내 영화의 유일한 주인공을 내가 죽이는 어리석은 행동은 그만하셨으면 좋겠습니다. 내가 주인공인 내 영화이므로, 상대 주인공만 바꾸면 멜로 영화는 언제든지 다시 시작될 수 있습니다. 제발, 내 인생이라는 영화의 궁극적인 주인공은 '나'라는 점을 잊지 않으셨으면 좋겠습니다.

아직도 성장하지 못하고 단단하지 못한 게 아니라 아직 '나'만 생각하고, '나'를 위해서만 인생을 산다는 개념에 익숙하지 않으신 것뿐입니다. 반복해서 경험이 많아지면 곧 익숙해지실 겁니다. 의도적으로 '나'만 생각하셨으면 좋겠습니다. 어느 순간 '놀라운 평화'를 만나실 수 있습니다.

그렇게 조금씩 '나'와의 동거를 연습하셨으면 좋겠습니다. 외도하건, 이혼하건, 다시 남편을 사랑하건, 세상 모든 게 바뀌는 그 어떤 조건에서도 나와 동거하는 '나'는 바뀌지 않는 평생 '나의 편'이랍니다.

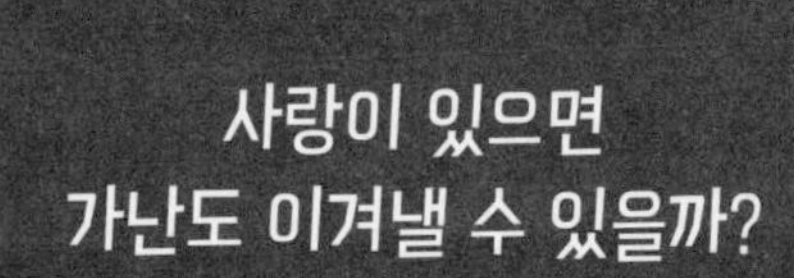
사랑이 있으면
가난도 이겨낼 수 있을까?

Q 조건이 나쁜 남친, 결혼이 망설여져요

남자친구는 저랑 결혼하길 원하고, 저도 이 사람 하나만 보면 결혼 생각이 안 드는 건 아닙니다. 헌데, 남자친구의 집안 환경 때문에 확신을 못하겠습니다. 같은 이유로 저희 부모님은 교제 자체를 반대하는 상황이구요.

남자친구의 집안 환경은 열악합니다. 처음 만날 당시에는 연애와 결혼은 별개라고 생각했기 때문에 문제가 되지 않았습니다. 그런데 만남의 기간이 길어지고 저도 적지 않은 나이가 된 데다가 남자친구가 노골적으로 저와 결혼하고 싶다고 말하는 상황에서 어찌해야 할지 모르겠습니다.

부모님은 "부자에게 시집가라는 게 아니다. 부족한 것 없이 사랑으로 키운 딸이 평범한 사람 만나 알콩달콩 살길 원하는데, 평범한 것도 아니고 최하층이라면 문제이지 않으냐, 네 발로 불구덩이에 들어가고 싶으면 연 끊고 네 마음대로 하라"고 하십니다.

이 문제에 대해서 진지하게 남자친구와 대화한 적은 없습니다. 남자친구도 좋지만, 부모님의 마음도 이해되기 때문에 너무 힘들어요. 제 인연이 아니라 생각하고 그만 정리하는 게 맞을까요? 아니면 남자친구에게 결혼에 앞서 이런 현실적인 문제들에 대해 생각해봐야 한다고 말해야 할까요?

A 사랑한다고 모두 행복한 것은 아닙니다

남녀 간의 사랑은 불우 이웃 돕기가 아닙니다. 헌신이나 일편단심이 아름다운 가치인 것은 맞지만 적어도 그 가치가 내 행복의 반납까지 요구한다면 그건 생각해봐야 할 문제입니다. 사랑은 두 사람 모두 행복할 때 가장 아름다운 것입니다. 어느 한 사람의 행복에만 이바지한다면 그건 사랑이 아니라 봉사입니다. 따라서 내가 상대의 조건이나 현재 상황을 불편하게 생각한다고 내 사랑의 진정성이 의심되어서도 안 됩니다. 내가 누군가를 사랑하는 일차적인 목적은 분명히 '내 행복'이기 때문입니다.

다시 말씀드리지만, 그 사람의 부족한 점과 단점까지 모두 이해하고 안아줄 수 있다면 그건 분명히 아름다운 사랑이 맞지만, 그 누구도 나에게 그걸 요구할 수 있는 권리는 없습니다. 다소 이기적이라는 생각이 들더라도 가장 먼저 판단하셔야 하는 것은 '내가 그 사람과 함께함으로써 행복한가?'입니다. 그 사람의 '가치'를 판단하는 것을 세속적이라고 생각하지 마세요. 세상에서 가장 소중한 것은 결국 '나'입니다.

'결혼하려고 하는데 이런 환경을 가진 것이 걱정됩니다. 결혼 후에 제가 어떻게 행동해야 할까요?'라고 질문하는 것과 '이런 환경이 있고, 부모님도 반대하시는데 결혼해야 하나요? 말아야 하나요?'라고 질문하는 것은 비슷해 보여도 하늘과 땅 차이입니다. 전자라면 저와 함께 전략적으로 고민해서 대처 방안을 마련해 가시면 되지만, 후자라면 결혼하지 않는 것이 정답입니다.

'조건 따위로 결혼 여부를 판단할 수는 없어.' 이 말은 그 조건을 이길 수 있는 커다란 가치가 내 안에 충만할 때 용감하게 던질 수 있는 말입니다. 그건 사랑일 수도 있고, 다른 무언가일 수도 있겠죠. 하지만 "이런 조건이 있는데, 부모님도 반대하시고…. 어떡하죠?" 이 말은 자신도 모르게 이미 결정한 상태라는 뜻입니다. 믿기지 않으시겠지만, 결혼을 말려주는 응원군이 더 필요하신 것뿐입니다. 부모님 말고 확신을 줄 수 있는 제삼자 말입니다. 이런 경우 제가 해 드릴 말은 하나입니다. 결혼하지 마세요.

그분이 지닌 조건이 그분의 의지와 노력으로 해결될 수

있는 것이라면 그분에게 솔직하게 이야기하고 같이 상의하고 전략을 짜고 노력해도 됩니다. 그렇게 만들어가는 사랑은 때로 아름답기까지 합니다. 하지만 그 조건이, 그분도 어찌할 수 없는, 주어진 환경이라면 조건 때문에 결혼이 고민된다는 고백은 그분에겐 상처일 뿐입니다.

너무 잔인하다는 생각이 드시나요? 하지만, 만약 그분이 상담을 요청해오셨어도 전 같은 이야기를 해 드렸을 겁니다. 세상에 사랑으로 극복할 수 없는 것은 없습니다. 문제는 그 사랑이 오래가지 않는다는 것입니다. 만약 그 사랑마저 100% 확신이 없다면, 이건 고민의 가치도 없는 사안입니다.

결코 가난한 것이 문제가 아닙니다. 그 가난이 조건으로 보이는 '사랑의 깊이'가 문제일 뿐입니다. 절대 비난하는 것이 아니니 기분 상하지 않으셨으면 좋겠습니다. 사랑의 깊이가 낮다는 것은 '현상'일 뿐이지 절대 '가치'일 수 없습니다.

그리고 무엇보다 행복은 남자가 가져다주는 것이 아니라고 말씀드리고 싶습니다. "여자는 어떤 남자를 선택해야 행복한 것인가요? 사랑인가요? 조건인가요?" 이 질문에 대해 저는 이렇게 답하겠습니다. "어떤 남자를 선택하든 여자는 결코 남자로 인해 행복해지지 않습니다."

정말 인생을 행복하게 살고 싶으시다면, 우선 '내가 주인이 되어 주체적으로 살아가는 인생'에 대한 청사진(계획)을 만드시기 바랍니다. 그리고 그 인생을 가장 존중하고 기꺼이 함께하려 하는 상대, 서로의 성장에 방해가 아닌 도움이 되는 상대를 선택하시기 바랍니다. 물론 모두 충족되긴 어렵겠지만, 단 하나의 명제만 명심하시면 굳이 모두 충족될 필요도 없습니다. 가장 중요한 건 '남자'가 아니라 '내 인생'이라는 사실입니다. 그렇게 결정하시면 적어도 단순히 '사랑'이나 '조건'을 선택한 지인들보다 훨씬 더 행복한 삶을 살게 되실 것입니다.

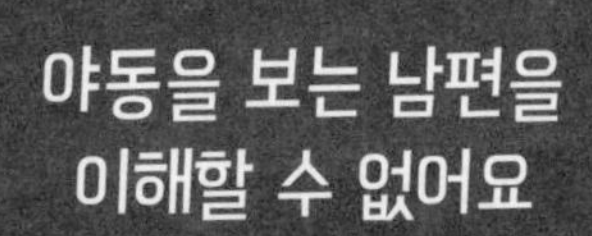
야동을 보는 남편을
이해할 수 없어요

Q 저와의 관계를 피하고 야동만 보는 남편 때문에 우울합니다

아무리 이해하려고 노력해도 자꾸만 우울해집니다. 남편은 저와 성관계를 하는 것에는 관심도 없고 야동만 열심히 봅니다. 피곤해서 일찍 자고 싶다고 해서 저는 바보처럼 알겠다고 일찍 자라고 했었지만, 그 시간 야동을 시청하고 있었다는 걸 뒤늦게 알게 되었습니다. 처음엔 너무 혼란스러워 숨 쉬기도 힘들었지만, 쑥스러울까 봐 모른 척해 주기로 했습니다.

하지만 그런 횟수가 많아지고 어김없이 야동을 보고 거짓말을 하는 남편이 불안해지기 시작했습니다. 야동을 함께 보려 애도 써 보고 적극적으로 성생활도 해 보고 싶지만, 남편은 피곤하다는 이유로 한 달에 한 번도 하지 않습니다. 심지어 요즘엔 성인콜도 하는 것 같아요. 이건 외도라고 생각합니다.

제가 매력이 없어서일까요? 우울하고, 지치고, 말도 못하고, 혼자 너무 힘드네요.

A 관점을 바꿔야 문제가 해결됩니다

야동을 본다. 피곤하다는 이유로 섹스를 피한다. 이 문장들의 공통점이 있습니다. 문장의 주어가 모두 '남편'이라는 것입니다. 그런데 이 말을 하는 건 '나'입니다. 말하는 사람과 그 말의 주어가 다르면, 그 문제는 해결될 수 없습니다.

마음은 공부해야 한다고 생각하면서도, 머릿속은 온통 놀고 싶은 생각만 가득했던 기억이 있으실 겁니다. 담배를 끊고 싶지만 끊지 못하는 사람도 마찬가지고요. 인간은 이렇게 나 자신도 바꾸지 못하는 나약한 존재입니다. 그러니 나와 함께 살을 맞대고 살아간다고 해도, 타인인 그를 어떻게 바꿀 수 있겠습니까?

내가 가진 문제를 해결할 수 있는 유일한 방법은 '내가 바뀌는 것'입니다. 내가 바뀌기 위한 첫 번째 조건은 내 마음이 변하는 것이고, 내 마음속에 변화가 생기면 그 생각의 변화가 나의 행동을 바꾸고, 나의 변화된 행동이 내 주변 사람의 마음과 행동을 바꿉니다. 간혹 내가 바뀌어도 주변은 바꾸지 않는 일도 있습니다. 상관없습니다. 이미 나의 마음이, 나의 행동이 변했기 때문에 주변 따위 바뀌지 않아도 나는 하나도 힘들지 않기 때문입니다.

그렇게 되려면 나의 생각이나 행동이 주체적이며 긍정적인 모습으로 변화되어야 합니다. 그리고 그것을 구체적으로 만드시는 일을 첫 번째로 하셔야 합니다.

즉 '남편이 야동 보는 거 정말 싫다'가 아니라, '남편이 보는 야동에서 나오는 거 내가 화끈하게 해 주겠어'이어야 합니다. '피곤하다고 섹스를 피하네. 내가 매력이 없어졌나?'가 아니라, '섹스를 피해? 어디 이렇게 유혹해도 피할 수 있나 보자'이어야 하며, '성인콜을 하다니 이건 외도랑 똑같아. 용서할 수 없어'가 아니라, '성인콜을 한다고? 나도 해서 기분이 어떤지 제대로 느끼게 해주겠어'가 되어야 합니다.

물론 이 문장은 제 마음대로 만들어 본 것입니다. 실제 본인이 원하는 내용으로 본인만의 문장을 새롭게 만들어보시기 바랍니다. 그리고 그 문장이 실현될 수 있도록 내가 어떤 생각을 하고, 어떤 행동을 하면 되는지를 고민해보고 실천하면 됩니다. 제일 중요한 목표는 '남편을 변화시킨다'가 아니라, '내 마음을 바꾸고 내 행동을 변화시킨다'입니다. 그렇게 내 마음이 주도적이고 긍정적으로 무언가를 시작하게 되면, 남편을 바라보는 나의 시선이 바뀌고, 남편을 대하는 내 행동이 바뀝니다. 내 행동이 바뀌면, 그것의 영향을 받아 남편의 생각과 행동도 바뀌게 됩니다. 비록 시간이 걸리더라도 말입니다.

물론, 이 모든 노력은 내가 아직 남편을 사랑하고 내게 남편이 소중한 존재일 때 가능합니다. 만약 내 마음이 이미 그에게서 떠났다면, '가장 주체적이고 긍정적인' 결정은 따로 있겠죠. 판단은 본인이 하시는 겁니다.

이 부부의 또 다른 문제는 '대화'입니다. 부부 사이라도 대화하지 않으면 상대를 점점 더 이해할 수 없게 됩니다. '알아서 해주겠지' '내가 이런 것까지 요청해야 해? 비굴하게 말이야'라는 생각이 드실지 모르지만, 부부는 누가 누구에게 일방적으로 맞추고 살 수 없는 관계입니다. 결혼 전 아무리 대단했던 분이라도, 결혼해서 부부가 되면 그저 일대일 인간관계일 뿐입니다. 설사 아이돌과 팬이 결혼했더라도 말입니다. 결혼해서도 여전히 아이돌과 팬의 관계를 잊지 못하면 이혼할 수밖에 없습니다.

어쩌면 대화를 자주 하고 있다고 생각할 수도 있습니다. 하지만 제가 말씀드리는 대화는 일상적인 대화가 아닌, 내가 가진 불만과 상대가 가진 불만을 테이블 위에 꺼내놓고 서로 이해하고 둘 다 적극적으로 맞춰주려고 노력하기 위한 대화를 말씀드리는 것입니다. '넌지시' 의견을 제시하는 것은 의미가 없습니다. 직접적으로, 이해할 수 있게, 원하는 것을 분명히 말해야 합니다. 그리고 내 이야기만 하는 것이 아니라, 상대가 원하는 게 있다면 진심으로 들어줄 의향도 있다는 자세를 가져야 합니다. 가능하다면 이야기하고 싶은 '문제'에만 집중하지 마시고, 남편에 대한 칭찬이나 능력에 대한 인정, 아직도 변치 않는 남편에 대한 사랑에 대해서도 이야기하며 대화를 이어나가시면 좋습니다.

연애는 '아니면 그만'이지만 결혼은 '노력'입니다. 무언가를 결정하더라도 그 '노력' 후에 하시면 적어도 후회는 없습니다. 어떤 결정을 하시건, 한 가지만 꼭 명심해주시길 부탁드립니다. '나'를 세상의 중심에 놓고, '나'의 생각, '나'의 행동, '내가 바라고 원하는 것'만 생각하시기 바랍니다. 그래야 남편도 조금씩 아내에게 관심을 두게 됩니다.

남편의 불륜을
목도한 순간

Q 내 인생을 망가트린 남편을 용서할 수 없어요

남편의 불륜을 알고 죽을 것처럼 싸웠습니다. 그 여자를 죽이겠다고 협박도 하고요. 남편은 무릎 꿇고 잘못했다고 빌었지만 저는 용서할 수 없습니다. 아니 그 남자의 모든 말을 믿을 수가 없습니다. 지금 이 순간도 분노와 화를 참을 수 없습니다. 이제는 남편을 사랑하지 않습니다. 그저 밉기만 합니다. 함께 있으면 숨이 막히는 것 같습니다.

한편으로 저는 아직 젊은데 어떻게 살아야 할지 걱정이 앞섭니다. 그리고 남편과 다시 함께 살 수 있을 거라는 생각이 들지 않지만 아이들에게 주는 것은 아닌지 걱정됩니다. 평생 잊히지 않을 것 같습니다. 어떤 선택을 하는 것이 옳은지 모르겠습니다.

A 나를 정말 힘들게 하는 원인을 찾으세요

그동안 충분히 아프고, 괴롭고, 절망하시며 보내셨을 거라 생각됩니다. 그만큼 자신을 괴롭혔으면 이제 됐습니다. 지금부터는 다 잊고 '나'에 대해서만 생각해 보겠습니다. 지금 괴로워하는 내 모습에서 '남편의 불륜'을 완전히 삭제해 보세요. 아예 없었던 것처럼 깨끗하게 말입니다. 힘드시면 사건 이전의 나를 떠올리시면 됩니다. 아이들의 좋은 엄마로, 인정받는 사회인으로 친구나 이웃과 즐겁게 웃으며 대화 나누는 내가 보이시나요? 지금 이 순간의 나도 그때의 나와 물리적으로 변한 것은 없습니다. 그대로입니다. 아무것도 변한 건 없습니다. 내 몸뿐만 아니라 내 이웃, 나의 아이들, 내 생활, 내 가치관 모든 것이 다 그대로입니다. 이전과 다른 건 딱 하나입니다. 내가 어떤 일을 집중적으로 많이 생각한다는 것입니다.

지금부터는 제 이야기를 따라 머릿속으로 상상해주시길

부탁드립니다. 영화관 객석에 앉아 보겠습니다. 스크린에서는 한 가족에 관한 영화가 상영 중입니다. 이야기 속에 아내와 남편이 보이고 아이들이 있네요. 어떤 가족인지는 한눈에 알아볼 수 있습니다. 나와 내 남편, 내 아이에 관한 영화이니까요.

사건이 생기기 전 과거에서부터 이 메일을 보고 계신 지금 이 순간까지가 스크린에 펼쳐질 것입니다. 보고 싶은 과거의 시절부터 상영을 시작하시면 됩니다. 절대 잊지 마셔야 하는 것은, 저 영화의 주인공이 내가 아니라는 사실입니다. 난 관객이고, 그저 한 편의 영화를 보고 있다는 것만 명심하십시오. 행복했던 시절이 지나고 불륜의 현장까지 지나 여자 주인공이 괴로워하는 지금의 모습까지 다 감상하시고 나면 영화관 불이 환하게 켜질 것입니다.

대답해주실 수 있으신가요? 영화 속 여자 주인공이 불쌍하시던가요? 영화 속 남자 주인공에게 화가 많이 나셨나요? 혹시 보면서 눈물을 흘리셨는지요? 다 좋습니다. 우린 수많은 드라마와 영화를 보면서 캐릭터에 분노하고 스토리에 눈물 흘리니까요. 거기까지입니다. 그 영화는 내 인생과 상관없습니다. 영화는 그저 영화일 뿐입니다. 이렇게 나와 사건을 철저하게 분리하는 작업을 하루에도 몇 번씩 반복하시는 게 좋습니다. 지금은 이 글을 읽느라고 눈을 뜨고 하셨지만, 다음부터는 눈을 감고 영화를 관람하시기 바랍니다.

남편이 바람을 피운 실제 사건이 내게 일어났는데 그렇지 않다고 억지로 내게 최면을 거는 게 아닙니다. 생각하기에 따라 나는 얼마든지 그 사건(불륜)으로부터 떨어져 있을 수 있다는 것을 테스트해보는 것입니다. 실제로 그 사건 때문에 나를 힘들게 하는 건, 이제는 과거가 된 그 사건이 아니라 정확하게 말하면 그 사건을 아직도 기억하고 주기적으로 꺼내 떠올리는 나의 '뇌'입니다.

지금 나를 힘들게 하는 건, 사건 그 자체가 아니라 바로 '나'라는 사실이 혹시 이해되셨는지요? 심호흡 한번 하시고 마음 편안하게 다음을 읽어봐 주시기 바랍니다.

이제, 내 마음을 힘들게 하는 것이 무엇인지 확인할 차례입니다. 내가 괴로운 이유는 남편을 너무 사랑해서 질투가 난 것일까요? 아니면 자존심이 강한 사람인데 혹시 이 일로 이혼이라도 하게 되면 남부끄러워서 어떻게 살지 하는 걱정 때문일까요? 그것도 아니면 너무 사랑하는 소중한 아이들에게 상처를 주게 될 것이 걱정일까요? 남편의 불륜 상대 때문에 자신이 초라해 보이고 보잘것없게 느껴져 가슴 아픈 걸까요? 그도 아니면 인간 이하의 행동을 한 남편이 그저 괘씸해서 화가 나는 것일까요? 이 중에 생각하시는 것이 있건, 모두 다 이건, 아니면 가장 중요한 건 아직 나오지 않았건 분명하게 그 사실을 확인하시는 게 중요합니다.

자 이제는 내 마음을 힘들게 하는 그것이 정말 어쩔 수 없는 것인지 확인할 차례입니다. 지진이나 화산 폭발, 태풍, 경제 공황처럼 나와 무관하게 외부에서 나에게 쏟아진 재앙인가요? 아니면 내가 스스로 만든 감정인가요?

사건 자체를 말하는 게 아닙니다. 지금 나를 힘들게 하는 원인을 말하는 것입니다. 사건은 과거이니 이미 바꿀 수 없습니다. 하지만 지금 나를 힘들게 하는 게 혹시 내가 조절할 수 있는 나의 감정이라면 이토록 힘들게 고생할 필요가 없습니다. 나는 잘못한 게 없습니다. 그러니 내 마음이 괴로울 필요는 없죠. 그런데 심지어 내가 나를 괴롭힌다고요? 왜 그래야 하죠?

오늘 이 순간부터는 그 사건을 내 몸에서 떼어 영화관 스크린 속에 넣고 철저하게 제삼자의 시각으로 바라보시기 바랍니다. 아무 죄 없는 내가 힘들거나 괴로울 이유가 없습니다.

사건을 내 몸에서 완전히 분리하는 연습을 끊임없이 반복한 후 이 작업이 내 맘대로 쉬워지면, 그래서 대부분의 내 감정이 평온하거나 차갑거나 심지어 다른 사람과 대화하면서 웃을 수도 있게 되면, 이제 비로소 내 안을 들여다보고 '내가 정말로 원하는 것'을 찾아서 실현하시기 바랍니다. 그것이 어떤 것이든 말입니다. 그리고 절대 쉽지 않겠지만 한 번 가만히 생각해봐 주세요. 지금 이 상황을 시작하고 원인을 제공한 것은 남편분이지만, 견고하게 마음의 문을 닫고 행동까지 달라지고 있는 것은 본인일 수도 있다는 것을 말입니다.

그게 옳지 않다는 것이 아닙니다. 상처받은 사람이 아파하고, 미움받을 짓을 한 사람이 미운 것은 너무나 당연한 일입니다. 극복하라고 누군가 조언해봐야 남의 사정도 모르고 그저 이상적인 멘트를 쉽게 날리는 것일 뿐입니다. 얼마나 아픈지, 얼마나 괴로운지, 얼마나 꼴도 보기 싫은지는 세상에서 단 한 명 나밖에 모르죠.

하지만 그렇기에 이 상황을 바꿀 수 있는 것도 결국 세상에서 단 한 명, 나밖에 없습니다. 내가 미친 척하고 나의 뇌를 속여 남편을 다시 옛날처럼 예뻐하고, 아니 옛날보다 더 위해주고, 더 칭찬하고, 더 웃어주기 시작하면 처음에는 뇌를 속이기 위해 연기했던 행동에 뇌가 속아서 그런 행동을 진심으로 하게 만듭니다. 더욱 놀라운 것은 그 행동이 남편분의 생각과 행동을 바꾸게 된다는 것입니다.

지금은 믿어지지 않으시겠지만 수많은 부부가 변화의 놀라움을 경험한 검증된 방법입니다. 다만 뇌를 속이는 것조차 소름 끼치게 싫다면 아예 시도도 하지 않는 것이 내 정신 건강을 위해 더 나을 수도 있습니다. 하지만 그래도 최소한 내 마음의 평화를 위해 남편을 깔끔하게 무시하는 정도의 노력은 하셨으면 좋겠습니다. 현실에서가 아니라 나의 뇌에서 깔끔하게 죽여 버리는 것입니다. 그렇게 이제부터는, 굳이 이혼하지 않더라도, 나만을 위한 나만의 삶을 사는 것입니다.

어느 쪽으로 결정하시건 '난 행복할 자격이 있다'라는 한 마디는 꼭 기억하셨으면 좋겠습니다.

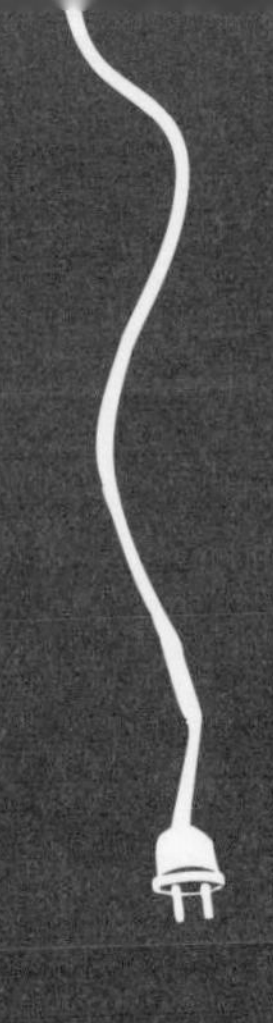

몸이 아닌
마음의 문제

Q 섹스리스에 지쳐 바람이 났어요

결혼 내내 섹스리스였습니다. 어쩌다 한 번 성관계를 가질 때도 좋은 관계를 맺기 위해 분위기를 잡거나 서로를 어루만지는 과정도 없이 남편의 성욕만 풀고 끝이죠. 가끔 내가 성욕 해소를 위한 변기 같다는 생각이 들 때도 있어 매우 참담합니다.

결혼 전에는 잠자리가 중요하다고 생각 안 했어요. 열심히 일하고 성실한 모습이 믿음직해 결혼했거든요. 남편은 늘 바빠요. 집에서 잠만 자고 나가고 주말에도 일하고, 저는 아이만 키우고 살았어요. 남편과는 대화도 거의 안 해요. 늘 피곤해하고 짜증스러워해요. 그래도 아이를 위해서 그저 숨죽이고 살았어요.

그러다 결국 제가 바람이 났어요. 매우 다정하고 자상한 데다가 그와의 잠자리도 저에겐 신세계였어요. '그동안 나는 정말 아무것도 몰랐구나. 여자로서 살아 본 적이 없구나'

라는 생각이 들었어요. 내 젊음이 너무 아깝고 억울하기까지 해요. 그래서인지 죄책감이 안 들어요.

하지만 아이 때문에 이혼하고 싶진 않아요. 외도나 불륜이 나쁘다는 건 알지만, 제가 나쁜 사람이란 생각이 안 들고 그저 남편이 밉습니다. 아이 때문에 이혼하기 싫은데 한편으론 한 살이라도 어릴 때 빨리 이혼하고 떳떳하게 좋은 사람을 만나고 싶기도 합니다. 나의 삶을 즐겁게 살고 싶어요. 아이만 보고 살자니 남편과의 불행한 결혼 생활이 너무 지치고 힘들고 아직 젊고 예쁜 제 삶이 너무 슬프네요.

과연 저는 어쩌면 좋을까요? 저도 다른 사람들처럼 진정으로 행복하게 살 수 있을까요?

A 자신의 마음을 확실히 정해야 합니다

불륜이라고 해서 무조건 죄책감을 가져야 하는 것은 아닙니다. 단순히 본인의 성욕을 충족하기 위하여 배우자나 타인의 가슴을 아프게 했다면 그건 평가할 가치도 없는 나쁜 행동이지만, 그 속에 진정한 '사랑'이 있다면 그 관계를 무조건 비난만 할 수는 없습니다. 그런 점에서 '죄책감이 느껴지지 않는 것'으로 또 다른 죄책감을 만들 필요는 분명히 없습니다. 때로 사람은 내 사랑에 좀 더 당당할 필요도 있습니다.

다만, 아내분이 말씀하신 '죄책감이 없는 모습'에서는 자기 방어기제가 너무 강하게 느껴져서 걱정됩니다. 아내분은 자신의 불륜을 오로지 남편의 탓으로만 돌리고 계십니다. 물론 아내분을 '외롭게' 만든 남편분의 잘못이 커 보이는 것은 사실입니다. 하지만 부부 관계는 어느 한편의 잘못으로만 비틀어지는 단순한 인연이 아닙니다. 부부는 서로 영향을 주고 받는 복합적인 관계이기에 남편분의 잘못된 행동에는 적게나마 아내분의 행동도 영향을 주었을 수 있습니다. 그럼에도 어긋난 관계의 책임을 오로지 남편분에게만 떠넘기는 것은, 이혼을 결심하셨다면 오히려 권장할 만한 모습이지만, 결혼생활을 이어가실 계획이라면 관계를 점점 더 파국으로 가져갈 심각한 원인이 될 수 있습니다.

남편과의 관계를 회복하고 싶다면 먼저 왜 잠자리를 하지 않게 되었는지 생각해봐야 합니다. 제가 섹스리스를 호소하는 분들에게 자주 '사랑이 식었다'라는 말을 종종 합니다. 낯선 대상에게는 호기심으로, 자신의 성적 취향에 맞는 조건을 가진 대상에게는 단지 그 이유만으로도 성욕이 생기지만, '사랑했던' 사람과는 사랑이 복원되지 않으면 절대 성욕도 복원되지 않습니다.

대개 서로 사랑했던 남녀를 섹스리스로 만드는 것은 많은 아픔과 기억입니다. 어느 한쪽이건, 양쪽이건, 다소 사소한 일이건, 죽음까지 생각하게 한 사건이건, 그 아픔과 기억들은 뇌의 한편에 선명하게 자리 잡고 앉아 혹시 생길지도 모르는 상대에 대한 성욕을 가차 없이 차단합니다. 내가 왜 저 여자랑 섹스해야 하는데? 내가 왜 저 남자와 섹스를 해줘야 하는 거지? 이 단순한 물음 하나만으로도 성욕은 철저하게 차단될 수 있습니다.

저는 흔히 "섹스리스는 섹스의 문제가 아니라 사랑의 문제입니다"라는 말로 상담을 시작합니다. 그렇게 조금 진행하다 보면 섹스리스를 극복할 수 있는 분들과 불가능한 분들이 가려지게 됩니다. 그리고 사실 그 결과는 상담을 요청하신 내담자분들이 더 잘 알고 계십니다. 그분들이 원하는 것은 그 아픔과 기억을 굳이 꺼내 들쑤시는 것이 아니라, 수면 아래 그대로 두고 잊은 채 단지 성적인 특별한 방법을 써서 섹스라도 이어갈 수 있는지를 물었던 것이니까요. 그런데 이 돌팔이 같은 상담사는 '특별한 섹스 방법'을 이야기해 줄 생각은 않고, 상담 시작부터 '사랑' 타령이나 하고 있으니 말입니다.

어떤 사람을 미워하는 것도 좋아하는 것도 결국 뇌가 하는 일입니다. 그리고 뇌는 쉽게 속일 수 있습니다. 진심으로 섹스리스를 해결하고 싶다면, 오늘부터 연애 초기처럼 남편을 사랑하시기 바랍니다. 마음에서 우러나오건 말건 아무 상관없습니다. 그저 뇌만 속이면 되니까요. 정 힘들면 스스로 '나는 남편을 사랑한다'라고 매일매일 최면이라도 걸어주세요. 그렇게 배려하고, 믿고, 의지하며, 걱정하고, 챙겨주고, 한껏 칭찬만 해주다 보면 거짓말처럼 섹스가 자연스럽게 찾아오기 시작합니다. 실제 극복 사례도 얼마든지 있고요. 내 생각과 행동을 바꾸면 상대의 생각과 행동도 서서히 바뀔 수 있습니다. 만약 가정으로 돌아가고 싶다면 섹스리스에서 벗어나기 위해 노력해야 합니다. 자신은 아무것도 하지 않은 채로 남편이 바뀌어주길 기다리기만 해서는 아무것도 변하지 않습니다.

지독한 '외로움'에 외도할 수 있습니다. 남편이 있지만, 다른 남자에게 시선이 갈 수도 있습니다. 우린 모두 '성인聖人'이 아닌 그저 평범한 '인간'일 뿐이니까요. 결코 그런 가능성을 단순히 '도덕적이지 못하다'라는 일반적인 사회 관념의 틀 속에 가두고 무시해서는 안 됩니다. 그렇게는 절대 나의 행복을 찾을 수 없습니다.

하지만 적어도 그만큼 나의 일탈에 대한 정당성을 말하려면 내 입장도 분명해야 합니다. 그것은 도덕을 떠나 가족과의 약속이기 때문입니다. 괴롭고 힘드시겠지만 내가 정말 원하는 것을 분명하게 정하신 후 오직 그 방향으로만 달려가셨으면 좋겠습니다. 그게 혹 가정의 파국이더라도 방향이 분명하면 남은 사람의 아픔이 덜할 수 있습니다.

상습적인 거짓말에 상처받지 않는 방법

Q 남편이 자꾸 거짓말을 합니다

남편과 저 사이의 신뢰 관계에 금이 갔습니다. 저희 남편은 다 괜찮아요. 치명적인 단점 하나 빼고요. 그 치명적인 단점은 여자관계로 자꾸 거짓말을 한다는 것입니다. 그리고 그 일로 제가 받은 상처에 공감하지 못한다는 거예요. 아프다고 아프다고 아무리 말해도 제가 얼마나 아픈지 모르는 거죠. 그리고 같은 잘못 무한 반복합니다.

남편은 결혼 후에도 끊임없이 여자들을 만납니다. 저도 그냥 '여자 사람 친구' 정도와 만나는 것을 막고 싶은 생각은 없습니다. 그런데 때 되면 선물하는 여사친도 있고, 아내가 아파서 집에 누워 있는데도 직장 여자 후배와 술을 마십니다. 친구의 여동생과 나이트클럽을 가거나 이미 퇴직해서 다른 회사를 다니는 옛 직장의 여자 동료와 단둘이 등산을 가기도 하죠.

처음에는 저도 별일 아니라고, 그냥 친구를 만나는 것과

하등 다를 것 없다고 속으로 되뇌이고 또 되뇌여봤지만 시간이 갈수록 점점 남편에 대한 신뢰가 와르르 무너졌어요. 그러다가 한번은 남편이 외도하는 상황을 제대로 잡았습니다. 이게 뭐냐고 하다 하다 별 짓거리를 다한다고, 그렇게 나 하나로는 만족이 안됐냐고 하면서 쏘아붙였습니다. 통상 그런 상황이라면 미안하다고 빌고 또 비는 게 정상이잖아요? 근데 이 남자는 잘못했다고 말하기는커녕 제가 오해를 하고 있다고 합니다. 그러면서 자기가 자는 사이에 핸드폰을 본 점과 자기 이야기를 듣지도 않고 화를 낸다면서 오히려 자기가 더 역정을 내더군요. 아니 그런 걸 누가 상식적으로 이해할까요? 그런데 자기는 아무 잘못이 없다고 합니다.

그러다 제가 너무 힘들어하면 "알았다. 다시는 그런 일이 없을 거다"라고 말은 해요. 이때 저도 참고 넘어가기로 했으면 더 이상 지나간 일에 대해서는 그만 이야기하고 남편을 믿고 넘어가야 하는데 그렇지 못했어요. 그게 제 문제인 거에요. 이전까지는 남편의 휴대폰을 궁금해 한적도, 살펴본 적도 없었는데, 그 이후로는 남편을 의심하는 마음에 남편의 휴대폰을 열어보게 됐어요. 그러면 남편은 거짓말 안 한다고 해놓고서는 다른 여자와 연락하는 것을 자꾸만 걸리는 거예요. 이렇게 또 계속 저를 속이고 있었어요. 이야기를 들어보니 솔직하게 말하지 못한 이유는 제가 실망할까봐 걱정되어서라고 합니다. 그래서 이야기하지 못했다고…. 전 이런 식으로 매번 절 속이는 게 더 실망스러워요.

남편의 거짓말로 생겨난 제 상처의 크기를 남편은 이해하지 못하는 것 같아요. 그러면서 왜 자기를 못 믿어주냐 반문을 할 뿐이죠. 하지만 문제는 남편에게만 있다고는 생각하지 않아요. 믿어주기로 했으면 저도 남편을 그대로 믿고 기다려줘야 하는데 전혀 그렇게 안 하고 있다는 게 문제를 키운다고 생각해요.

전 제 문제를 해결하고 싶어요. 근데, 제가 뭘 속이고 있나 찾아 헤맬 때 정말 속이고 있지 않다는 게 눈으로 확인이 되면 굳게 다시 믿어줄 수 있을 것 같은데, 조금만 찾아보면 거짓말하고 있는 크고 작은 일들이 하나씩 보이니까 바닥난 신뢰가 올라올 기미가 보이지 않는 거죠. 이렇게 눈에 보이는 거짓말을 하는데도 제가 먼저 믿어줘야 하는 걸까요? 그렇게 했을 때 남편이 정말 바뀔 수 있을까요?

A 굳은 신뢰는 악순환의 고리를 끊어줍니다

사연을 읽으면서 아내분에게 참 감사했습니다. 사연에 '제 행동도 문제예요'라는 문장이 정말 많이 등장하거든요. 아내분은 남편분과의 갈등을 온전히 남편분의 문제로 돌리지 않고 일부 나의 책임도 있다고 말해주시는, 책임감 있고 배려심 깊은 분인 것 같습니다. 제가 남편분이라면 아내분에게 참 감사할 것 같네요.

하지만 이번 경우에 아내분의 잘못은 없습니다. 말씀하신 것처럼, 의심하지 않으려고 해도 남편분이 신뢰를 전혀 주지 못하고 계시니까요. 아내분이 지금 느끼시는 불신은 '문제'가 아니라 너무도 '당연한' 반응입니다. 남편분이 변화하지 않고 계시니까요. 이 악순환의 고리는 남편분이 먼저 신뢰를 주어야 끊어낼 수 있습니다.

우리가 흔히 '거짓말은 또 다른 거짓말을 낳는다'라고 말하는 것처럼, 습관이 된 거짓말은 본인의 의도와 무관하게 이어지는 다른 거짓말을 만들어내곤 합니다. 즉, '거짓말해야지'라고 마음먹고 하는 거짓말보다는 거의 본능적으로 거짓말이 시작되는 경우가 많고 일단 시작된 후에는 그 사실을 인지했더라도 되돌릴 수 없어 그대로 이야기를 지어내는 경우가 많다는 뜻입니다. 좋게 보면 '의도적'은 아닐 수 있다는 것이고 나쁘게 보면 '치유'하기가 더 어렵다는 뜻이겠죠.

다만, 이제는 남편분이 스스로 거짓말을 자제하는 노력을 시작하시는 것이 좋을 것 같습니다. 거짓말은 '들키면 안 되는 무언가를 감추기 위해' 하는 행동입니다. 본인도 알고 있을 것입니다. 그게 심각하게 나쁜 일이건 사소한 일이건 간에 하지 말아야 하는 행동이라는 것을 말입니다. 문제는, 본인이 그 필요성을 절실하게 느끼지 않는다면 '스스로' 시작하는 노력을 하실 리 만무하다는 것입니다. 들킨 거짓말도 있지만, 그렇게 거짓말을 통해 잘 넘어가 '이익(?)'을 본 경험도 많을 테니까요. 거짓말을 하지 않아도 그 '이익'을 얻을 수 있다는 확신이 만들어지기 전에, 스스로 그 경험을 포기하는 일은 생기지 않습니다.

그렇다고 아내분이 직접 문제를 해결하기 위해 남편분에게 이 노력을 강요해봐야 큰 효과는 없습니다. 이미 말씀드린 대로 의미 있는 행동의 변화는 자신의 깨달음을 통해서만 만들어지기 때문입니다. 사실, 효과가 없을 뿐만 아니라 질책하고 강요하는 것은 오히려 반발 등의 거부 반응이나 더 교묘하게 숨기는 역효과가 생길 수도 있습니다.

길가는 나그네의 옷을 벗긴 것은 강한 바람이 아니라 뜨거운 햇볕입니다. 남편분이 거짓말을 하지 않기 위해 스스로 노력하지 않는다면 거짓말 습관을 바꾸기 위해 아내분이 할 수 있는 방법은 '스스로 하고 싶은 마음이 드는' 토양을 만들어주시는 것입니다. 우선 남편분에게 '선언'하시기 바랍니다. "나는 당신이 하는 모든 말을 믿고, 모든 행동을 인정하고 지지하겠다. 그러니 단 하나, 나에게 거짓말만 하지 말아다오"라고 말입니다.

선언은 누구나 할 수 있습니다. 정말 중요한 것은 지키는 것입니다. 정말 힘들 것 같으시다면 기간을 정해놓고 하셔도 좋습니다. 힘들더라도 그 기간 동안은 남편의 말과 행동을 '무조건' 다 믿고 존중하며 허락해주셔야 합니다. 뻔히 거짓말을 하고 있다고 느껴지더라도 무조건 믿고 인정해야 합니다. 연패의 고리를 끊는 가장 좋은 방법은 한 번이라도 '승리'하는 것입니다. 그렇게, '거짓을 이야기해도 아내는 나를 무조건 믿어준다'는 믿음이 생기거나, '진실만을 이야기해도 나에게 아무런 불이익이 오지 않는다'는 경험이 반복되다 보면 남편분에게는 어느새 진실에 대한 '자신감'이 생기게 됩니다. 그렇게 생긴 자신감이 습관을 사라지게 할 수 있습니다.

다만 이런 행동을 시작하기 전에 반드시 점검하셔야 하는 것은, '나에게 정말 중요한 것은 거짓말을 하지 않는 것일까? 아니면 남편이 떳떳하지 못한 행동을 하지 않는 것일까?'에 대해 스스로 분명하게 방향을 정하는 것입니다. 정말 거짓말하는 것을 원하지 않는 것이라면 남편이 원하는 것이 설사 내 질투심을 건드리거나 도저히 용납하기 힘들다고 생각하는 행동이더라도 무조건 허용해주셔야 합니다.

남편이 거짓말을 하는 것은 자신의 행동을 있는 그대로 아내에게 노출하면 반드시 아내의 심경에 변화가 생긴다고 생각하기 때문입니다. 즉, 동호회에 가는 것 정도는 얼마든지 허용해줄 수 있는데도 남편이 그런 걸 숨긴다면 지금부터는 무조건 허용해주시면 그런 사소한 거짓말은 머지않아 사라지게 될 것입니다. 하지만 아무리 솔직히 말한다고 해도 허용할 수 없는 일을 원한다면 그 순간부터 '거짓말'은 잊으시고 그 사실에 대해서만 두 분이 합의하시면 됩니다.

한 가지 더 말씀드리고 싶은 것은 지금 두 분의 문제는 '거짓말'이 아니라, 남편분이 아내가 싫어하는 행동을 하는 것입니다. 따라서 이건 거짓말의 관점이 아니라 행동 교정의 관점에서 접근하셔야 합니다. 그리고 '거의 상습적인 습관으로 접어든' 남편분의 상태로 봐서는 일반적인 방법으로는 해결이 어려울 것 같습니다.

남편분이 큰 충격을 받을 수 있는 좀 더 '극한의 방법'을 사용하셔야 합니다. '내가 계속 같은 행동을 하면 정말 아내가 나를 떠날 수도 있겠구나'라는 생각이 드실 만큼 극한의 방법을 말입니다. 예를 들면, 이혼 절차를 밟는 것도 하나의 방법이 될 수 있습니다. 그저 '말로 하는 협박용'이 아니라 정말 거의 끝까지 가셔야 효과가 있을 것입니다. 합의이혼은 최종 법원의 선고가 나기 전까지 되돌릴 수 있는 많은 변곡점이 존재하니 언제건 되돌리면 그만입니다.

다만, 다시 돌아올 수도 있다는 점을 고려한다면 반드시 지켜야 하는 규칙이 하나 있습니다. 어떤 상황에서도 상대와의 감정선을 넘으면 안 된다는 것입니다. 싸우거나, 언성을 높이거나, 일방적으로 상대를 비난하거나, 비웃거나, 자존심을 건드리지 않도록 조심하시길 부탁드립니다. 가장 좋은 건 상대가 나에게 연민의 감정을 가질 수 있도록 행동하는 것입니다. 그럼 오히려 자신의 행동을 자책하지, 아내에게 나쁜 감정을 갖는 일은 없을 것입니다.

단기간에 고쳐질 거로 생각하지 않으셔야, 건강한 남편을 만나기까지의 긴 과정을 견뎌낼 수 있을 것입니다.

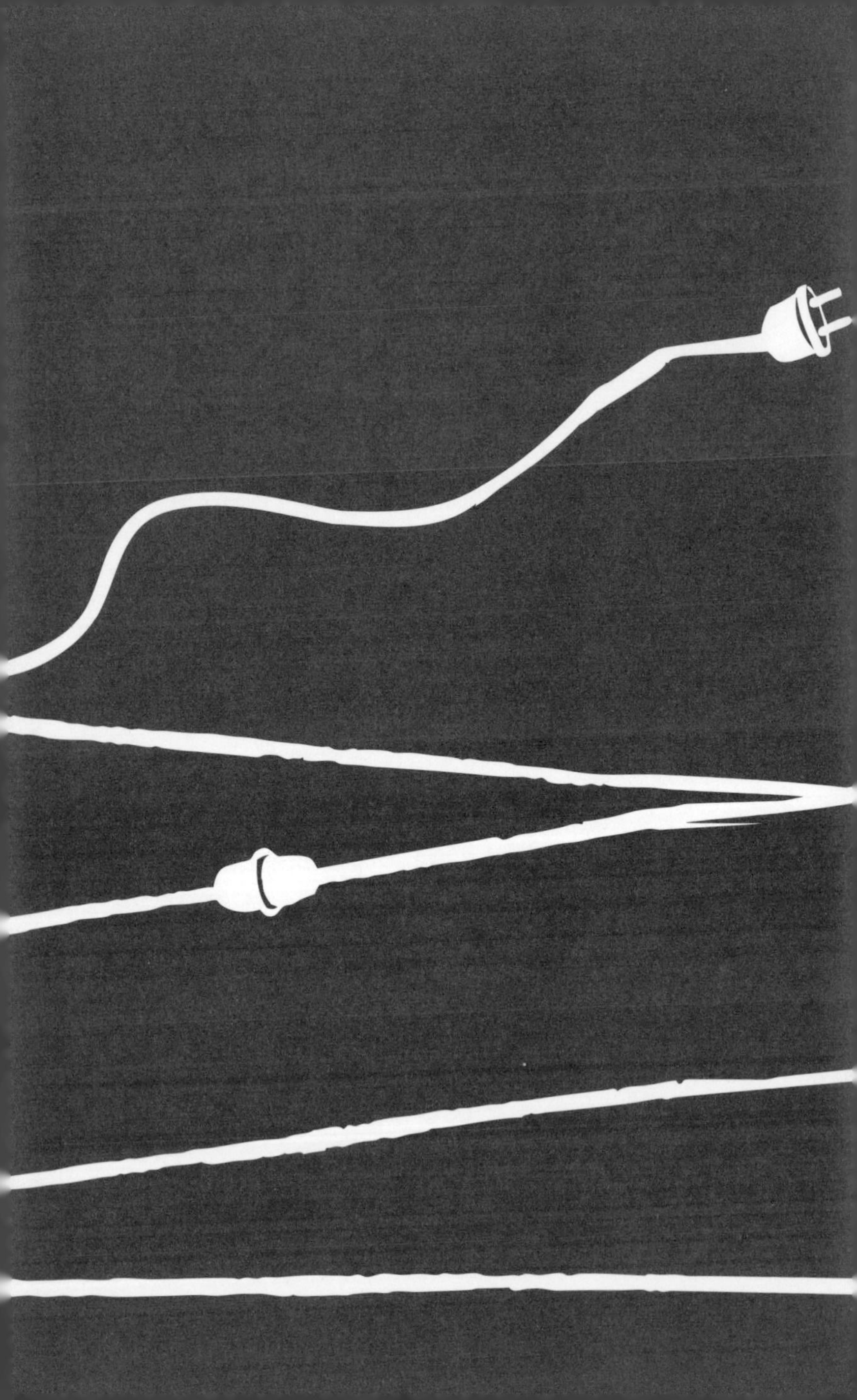

4장

행복하기 위해 버려야 하는 것들

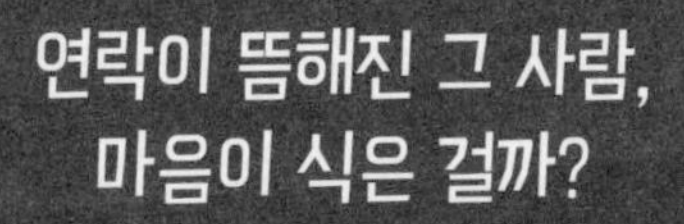
연락이 뜸해진 그 사람,
마음이 식은 걸까?

Q 남자친구의 사랑이 이전과 다릅니다

남자친구와의 만남이 뜸해지고 있습니다. 물론 만나면 즐겁고 행복하게 사랑을 나누기도 합니다. 그런데 요즘 생각해 보니 만나는 횟수뿐만 아니라 남자친구가 제게 연락을 하거나 선물을 하는 횟수도 확연하게 줄어들었습니다(물질을 바라는 것이 아니라 저는 선물도 마음이라고 생각합니다). 그래서 사랑이 식었느냐고 물어보면 아니라고는 하는데, 제가 연애 경험이 별로 없어서인지 이 남자의 진짜 마음이 어떤지 잘 모르겠습니다.

저는 남자친구를 기쁘게 해주기 위해 많은 노력을 하고 있습니다. 옷차림이나 행동뿐만 아니라 성관계를 가질 때도 남자친구가 더 만족하고 기뻐해 주길 바라며 남자들이 좋아할 방법을 찾아봤고 실제로 실행했습니다. 남자친구도 매우 좋아했어요. 치아 님의 표현을 빌리자면 평생 날 버리지 않고 잊지 못할 만큼 만족시켜주었는데, 이전과 달라진 남자친구의 모습을 볼 때면 그저 섹스 때문에 나를 만나는 것인가 하는 의심이 들어요.

그냥 이대로 관계를 유지하는 것이 좋을지 헤어지는 것이 좋을지 모르겠습니다. 제가 어떻게 해야 할까요? 그 남자의 마음을 알고 싶습니다.

A 이별은 멀리할수록 가까워집니다

저는 여성이 가진 육감을 믿습니다. 가수 이승환의 노래에 이런 가사가 있죠. '왜 슬픈 예감은 틀린 적이 없나.' 만약 상대가 바람피우는 것 같다고 느껴진다면 실제로 바람을 피울 가능성이 크고, 사랑이 식은 것 같다고 느껴진다면 실제로 그럴 가능성이 큽니다. 이건 연애 경험과 아무 상관도 없습니다. 다만 연애 경험이 풍부하다면 이 육감이 어떤 것을 의미하는지 빠르게 판단하고 그다음 조치를 나에게 유리하게 끌고 가는 방법에 익숙할 수는 있겠죠.

정말 맛있는 음식을 드셔 보신 적이 있으신가요? 처음 먹었을 때의 그 모든 행복한 감각들 기억하시는지요? 그다음 먹을 때도 같던가요? 삼십 번쯤 먹었을 때도 여전히 처음처럼 행복하시던가요? 하지만 처음처럼 짜릿하고 행복한 맛이 느껴지지 않더라도, 당신은 어디 가서 그 음식을 소개할 때 처음의 그 느낌을 말하게 되실 겁니다. 결코, 잊지 못하는 것이죠.

정성이 담긴 애무로 행복했던 기억을 남자친구는 평생 잊지 못할 것입니다. 다만 그것이 어떤 연인이 헤어지지 않고 평생 함께할 수 있는 이유 중 하나가 될 수는 있지만, 오로지 그것 때문에 헤어지지 않는 일은 없습니다. 남녀의 사랑에 육체는 도구일 뿐이니까요. 그런 경험을 한 남자는 다른 여자를 만나도 그 기억을 잊지 못하는 것은 맞습니다. 물론, 헤어지면 아무 소용없고 부질없는 집착이긴 하지만 말입니다.

남자들이 사랑이 식었을 때 보이는 행동 유형이 있습니다.

1. 연락이나 만나는 횟수가 줄어듭니다.

사랑이 뜨거웠을 때는 매일같이 만났는데 어느 순간부터 연락이 뜸해지고 만나는 횟수도 줄어서 일주일에 한두 번 만나고, 일이 바쁘다거나 다른 약속이 있어서 만나기 어렵다는 핑계를 댄다면 마음이 멀어져 가고 있다는 증거입니다.

2. 외모에 신경을 쓰지 않습니다.

처음 연애를 시작한 사람들을 보면 서로에게 좋은 모습을 보여주기 위해 항상 깔끔한 외모에 옷차림으로 만나기 마련입니다. 하지만 애정이 식으면 상대에게 잘 보이려는 마음도 사라지기 때문에 집 앞의 편의점에라도 가는 것처럼 편한 옷차림에 꾸미지 않은 외모로 나옵니다.

3. 상대방에 대한 관심이 줄어듭니다.

연애 초기에는 상대방이 좋아하는 것은 무엇인지, 취미는 무엇인지 궁금해하고 함께하고 싶어 하던 사람이 언젠가부터 내가 어떤 옷을 입었는지 오늘은 무엇을 했는지 전혀 궁금해하지 않는다면 마음이 떠났을 확률이 높습니다.

4. 작은 일에도 짜증을 냅니다.

무슨 일을 해도 좋게 봐주던 사람이 데이트 중에도 함께 간 식당의 음식이 맛이 없다거나 내 헤어스타일이나 옷차림이 마음에 안 든다는 등, 사소한 것으로 트집을 잡거나 짜증을 낸다면 상대의 마음에 변화가 생겼음을 의미합니다.

남자친구가 이와 같은 행동을 보이는지 돌아봐야 합니다. 만약 그렇다면 남자친구와 진지하게 대화를 나눠 어떠한 방향으로든 관계의 변화를 줘야 합니다.

사랑이 시들해진 한 남성분의 이야기를 들어볼까요? 이 남성분에게는 오래 사귄 여자친구가 있습니다. 누구보다 자신을 잘 알고 이해해주는 마음이 예쁜 사람이었죠. 남성분이 가장 힘들 때 묵묵히 기다려주고 응원해준 그런 여성이었습니다. 다만 오래 사귀면서 너무 편해진 탓인지 여자친구를 향한 애정이 많이 사라진 상태였습니다. 그래서 다른 여자를 만나보고 싶다는, 새로운 설렘을 느껴보고 싶다는 생각을 많이 하게 되었죠. 한편으로는 잘못된 선택을 해서 여자친구를 놓치면 후회하지는 않을까 걱정을 하면서도요.

인생은 변화무쌍하여 지금 사귀는 사람과 헤어졌을 때 후회하게 될지 아니면 새로운 만남을 통해 더 큰 행복을 얻게 될지는 알 수 없습니다. 하지만 이것 하나는 분명합니다. 어느 관계이건 새로움의 매력과 설렘은 그리 오래가지 않는다는 것입니다.

오래 사귄 연인은 반드시 오래 사귈 수 있었던 조건이 있습니다. 그 조건이 두 분의 관계를 단단하게 맺어주고 있는 것입니다. 그 조건이 말씀하신 것처럼 '잘 이해해주고 마음이 예쁜' 여자분의 장점일 수도 있고, 사연에는 없는 남자분의 장점일 수도 있을 겁니다. 그리고 이 조건은 살면서 그리 흔하게 경험할 수 있는 것이 아닙니다. 다시 말하면 지금 로또 당첨만큼의 행복을 누리고 계시는 것일 수도 있다는 뜻입니다.

익숙함에는 편하고 다 이해한다는 장점도 있지만 '자신에게 가장 소중한 것의 가치를 더는 느끼지 못하게 한다'는 단점도 있습니다. 그리고 종종 사람들은 그 익숙함의 단점 때문에 '새로움'을 찾아 나섰다가 장점까지 잃어버리는 실수를 저지르곤 합니다. 사연을 주신 분의 남자친구 또한 이 남성분 같은 경우일 수도 있습니다.

여성분에게 너무 익숙해졌기에 새로움을 찾고 있는 것이죠. 여기서 남자친구가 바라는 것이 '새로움'일 수도 있지만 '변화'일 수도 있습니다. 굳이 '새로운 설렘'의 방향을 다른 곳에서 찾게 하지 말고 대화를 통해 서로가 새로운 경험을 할 수 있는 방향을 찾아보는 것이 좋겠습니다.

하지만 헤어지든 변화를 통해 관계를 유지하든 간에 무엇보다 중요한 것은 여성분 자신의 마음은 어떠한지 돌아보는 것입니다. 여성분은 "날 버리다"라는 표현을 사용하셨습니다. "남자의 마음을 잘 모르겠다"라고도 하셨고, "사랑이 식었느냐?"라고 물어봤다고도 하셨습니다. 사랑은 두 사람이 하는 것입니다. 그런데 여성분은 모든 기준이 남자에게만 가 있습니다. 누가 누구를 버리는 게 아니라 헤어지는 것이며, 그 남자의 마음보다 중요한 것은 내 마음입니다. 그 남자의 사랑이 식었는지보다 더 중요한 것은 '내 사랑은 변함없는가?' 하고 내 마음은 어떤지 돌아보는 것입니다.

내 마음이, 내 사랑이 변함없으면 그 남자의 사랑이 식었건 말건 그냥 평소처럼 그 남자를 소중하게 대해주시면 됩니다. 그래도 결국 떠난다면? 할 수 없습니다. 내가 원하는 만큼 해주었으니 후회할 필요도 없습니다. '내 사랑'이라는 행복을 가질 자격이 없는 사람일 뿐입니다. 사람을 잃는 것을 두려워한다는 것은 아직 성숙하지 못하다는 뜻입니다. 인간은 살면서 수없이 많은 소중한 인연을 만들고, 결국 그들과 헤어지며 살아갑니다. 그 헤어짐을 어쩔 수 없다 생각하고 넉넉하게 보낼 여유가 생겼을 때, 그 사람은 비로소 철이 든 것입니다. 물론 굳이 철들려고 노력할 필요는 없습니다. 그런 헤어짐 한두 번만 죽을 만큼 힘들게 겪고 나면, 철은 저절로 들게 되니까요. 그리고 철이 들면, 이후의 인생은 한결 편해집니다.

만약 내 마음도, 내 사랑도, 예전보다 많이 희미해진 것 같다면 마음 아프지만 둘 다 조금씩 이별을 준비해야 합니다. 물론 불씨를 살리려고 둘 다 노력할 수도 있습니다. 아쉬운 것은 둘 다 노력하지 않고 어느 한쪽의 노력만으로 결코 그 불씨는 다시 타오르지 않는다는 것입니다.

세상의 모든 판단 기준에 '나'만 놓는 연습을 시작하세요. 어떤 혼란스러운 선택의 순간에도 큰 도움이 되실 겁니다.

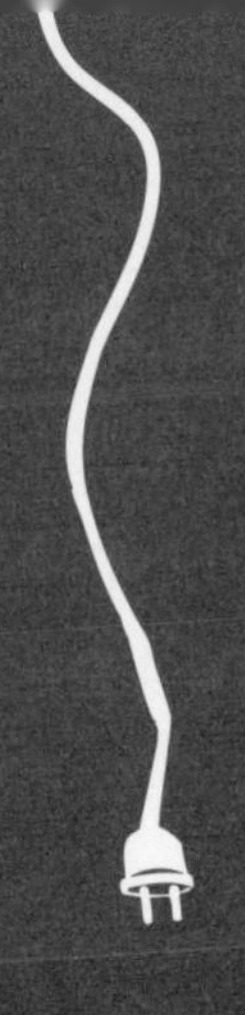

반복되는 싸움에
이별을 떠올립니다

Q 부부 관계를 이어갈 자신이 없습니다

아내와 평상시에 자주 싸웁니다. 싸우지만 않으면 사이는 정말 좋습니다. 대부분은 제가 참고요. 특히 아내는 자기만 고생한다고 생각합니다. 제가 직장 일로 무척 바쁜 상황에서도 야간 수유를 제가 했으며 아침에도 일찍 일어나 출근 전까지 아이들을 봐주었습니다. 아내의 부담을 줄여주고 싶은 마음에 시간이 나면 설거지나 청소, 음식물 쓰레기를 버리는 것 등 집안일도 최선을 다해 돕고 있습니다. 그런데도 아내는 애를 혼자 낳았느냐 자기만 혼자 고생한다면서 사사건건 트집을 잡습니다.

이런 식으로 아내와의 싸움이 반복되다 보니 마음이 지쳐서 이렇게 살 거라면 차라리 이혼을 하는 게 낫겠다는 생각이 듭니다. 지금까지는 아이들 때문에라도 참고 살아야겠다고 생각했지만 저도 한계에 다다랐습니다. 우리 부부가 다시 원만했던 이전의 관계로 돌아갈 수 있을까요?

A 아내와 소통을 하려고 노력해보세요

많은 전업주부의 남편분이 오해하시는 것이 하나 있습니다. 남편도 밖에서 일하고 아내도 집에서 일하니 일의 절대량은 비슷할 테고, 그러니 설사 집안일을 도와주지 않는다고 해도 공평한 것이며, 만약 남자가 집안일을 도와준다면 오히려 고마워해야 할 일이라는 생각입니다.

물론 고마운 것은 맞습니다. 다만 오해하시는 부분은 아내분이 정말로 원하는 것은 단지 집안일을 분담하는 것만은 아니라는 것입니다. 남편분은 사회에서 친구, 동료들과 많은 인간관계를 맺고 살아갑니다. 하지만 대개 아내들은 집에서 일과 아이 외에는 인간관계를 맺을 방법이 없습니다. 따라서 그런 아내분의 커뮤니케이션에 대한 욕구는 가장 가까운 남편을 향해 표출되기 마련입니다. 나를 있는 그대로 이해하고 나와 소통해줄 수 있는 사람은 바로 남편이니까요. 남편에게 집안일을 도와달라고 하는 것은 있는 그대로의 뜻도 있지만,

내가 힘들다는 것을 알아달라, 나와 대화해달라, 내 편이 되어달라는 뜻이 함께 담겨 있습니다.

유일하게 내 편이 되어줄 수 있다고 생각했던 남편에 대한 기대가 실망으로 바뀌는 순간, 아내의 욕구는 분노로 바뀌게 됩니다.

다른 남성분의 사례를 통해 더 자세히 설명해보겠습니다. 아내가 이혼을 하자고 하여 당황을 금치 못한 K라는 남성이 있습니다. 아내가 이혼을 하자고 말한 것은 K씨가 외도를 했거나 아내에게 새로운 남자가 생겨서도 아니라 그저 힘들어서 이대로 살 수 없겠다는 것이었습니다.

K씨가 집보다는 일을 우선하며 살아오기는 했으나 그렇다고 외도를 한 것도 아니고 집에서 행패를 부리는 사람도 아니었습니다. 그의 문제라면 가족을 위해 밤낮없이 일했던 것, 그리고 그로 인해 가정에 소홀해졌던 것뿐이었죠.

하지만 그것이 아내분에게는 마음을 닫는 계기가 되었습니다. K씨가 앞으로 아내에게 더 신경을 쓰며 잘하겠다고 해봐도 아내분의 마음이 닫혀서 소용이 없었죠. 관계 회복을 위해 애써 노력을 할 필요도 없고 서로의 생각이 너무 달라서 대화도 하기 싫다. 이혼을 할 수 없다면 아이들의 엄마 아빠로만 살자고 할 정도이고 스킨십을 하는 것에도 기겁을 할 정도였습니다.

현 상태에서 K씨가 가장 먼저 해야 하는 일은 '현재 아내분의 상태에 대해 정확하게 인지'하는 것입니다. 그래야 이후의 모든 대응과 대처가 올바르게 진행될 수 있죠. 가장 중요한 것은 아내분의 말이나 행동을 보이는 대로만 이해해서는 안 된다는 것입니다.

K씨의 아내분은 "생각이 너무 달라서 대화도 하기 싫다" "그냥 아이들 엄마 아빠로만 살자" "우리 이혼하자"라고 말하며, 어떤 노력도 필요 없고 K씨에게 애정이 전혀 없는 것처럼 행동하고 있습니다. 그리고 이런 반응은 '조금이라도 변화를 만들고 다시 행복한 가정을 만들고 싶어서 집에 더 신경 쓰자'라고 생각하며 노력하는 사람에게 노력하고 싶은 의지를 꺾고 과연 그럴 필요가 있는지 회의를 느끼게 할 것입니다.

하지만 아내분의 이런 모든 반응은 남편분이 생각하시는 것과는 전혀 다른 메시지를 담고 있습니다. '나, 이제까지 숨도 쉴 수 없을 만큼 너무 힘들었어. 다 포기하고 싶을 정도로. 그러니까 나 좀 도와줘'라고 말입니다. 다시 말하면, '이제 그 어떤 노력도 의미가 없으니까 이혼하자'가 아니라 '내가 어떤 말을 하고 어떤 행동을 하더라도 당신은 내 말에 흔들리지 말고, 지금보다 조금만 더 내가 힘들다는 걸 이해해주고 나를 배려해주면서 흔들리는 나를 이끌어줘'라고 이해하셔야 한다는 것입니다.

남성의 입장에서는 언뜻 이런 말이 납득되지 않을 수 있습니다. 하지만 안타깝게도 그게 많은 여성의 '커뮤니케이션 방식'입니다. 마치 관심도 없다는 듯 뒤돌아서 있으면서도, 힐끗힐끗 돌아보며 남편이 알아서 등 뒤로 다가와 따뜻하게 안아주길 내심 기대하고 또 기대하는 것 말입니다. 남자들 생각으로는, 그런 마음이 있으면 있는 그대로 자신의 마음을 표현해주면 더 고마울 것 같은데 말입니다.

아내분의 속뜻이 그렇다면 이후 남편분이 하시면 좋은 '말과 행동'의 방향도 아마 감이 오실 것입니다. '아내가 어떤 말을 하고 어떤 반응을 보이더라도 그것에 괘념치 않고 내가 얼마나 변했고 그래서 얼마나 좋은 남편이 될지 행동으로 보여줄게'라는 자세를 견지해야 합니다. 아내분이 어떤 변화를 원하는지 확인해서 그 모든 것을 가능한 한 모두 실천하셔야 합니다. 가장 중요한 건, 무슨 일이 있어도 중단하거나 감정의 변화를 보이지 말아야 한다는 것입니다. '한결같이' 노력하는 모습을 보여주셔야 그동안 아내분의 가슴에 쌓인 남편에 대한 불신이 조금씩 사라지게 될 테니까요.

이처럼 여성은 커뮤니케이션 방식이 남성과 다르다는 점, 그리고 서로의 소통을 중요하게 생각한다는 점을 인식해야 합니다. 누가 '맞고 틀리다'를 떠나서 서로 상대를 이해하고 내용을 공유하며 감정을 나누는 것이 중요하게 생각하는 것이죠. 하지만 남자는 '맞고 틀리다'가 가장 중요합니다. 만약 남자가 어떤 사안을 원인으로 길게 이야기를 나누게 된다면, 목적은 하나, 누가 맞고 틀리는지를 가려내기 위함입니다. 따라서 분명하게 자신이 잘못했다고 인정하는 상황에서 남자는 길게 이야기하고 싶어 하지 않습니다. 사과하고 자신의 패배를 인정함으로써 남자는 모든 상황이 종료된다고 생각합니다. 그 이상의 대화는 남자에게, 자신을 지치게 하는 시간 낭비일 뿐이죠.

그런데 이런 모습을 아내 쪽에서는 '내 남편이 더는 나를 사랑하지 않는다'라고 오해할 수 있습니다. 이런 오해가 쌓이다 보면 부부 싸움은 더 잦아지게 됩니다. 그렇기에 남자는 원래 그런 종족이라는 것을 인지시킬 필요가 있습니다.

대부분의 부부 싸움에서 누가 맞고 누가 틀리고, 누가 옳고 누가 그르고, 누가 합리적이고 누가 감정적이고, 이런 판단은 아무 의미가 없습니다. 부부 싸움이라는 것은 아주 단순한 구조로 되어 있기 때문입니다.

부부 싸움은 내가 살아가던 삶에 내가 아닌 다른 사람이 들어왔는데, 그(그녀)가 하는 말이나 행동이 내 맘에 들지 않아서 생기는 것입니다. 이 상황은 상대도 마찬가지이므로 서로 같은 생각을 하며 같은 불만을 지니고 싸움에 임하게 됩니다. 각자가 상대를 자신에게 맞추려 하니 절대 중간 합의점은 없습니다. 그저 기가 센 사람이 이기는 것이고, 인내나 마음이 약한 사람이 져주는 것이며, 두 사람의 힘의 균형이 같으면 결국 이혼하게 됩니다.

구조가 이렇고 원리가 이러하니 부부 싸움의 해결방안 역시 무척 단순합니다. 일단 상대의 있는 그대로의 모습을 인정하고 난 후, 그 모습 속에서 내가 얻어낼 수 있는 것을 고민하시기 바랍니다. 일단 '인정'하고, 이후 나의 행동방식을 결정하는 것입니다. 달래고 설득해서 조금씩 나에게 맞춰갈지, '에라, 모르겠다' 하고 그냥 모두 이해해버릴지 말입니다.

'인정'하는 단계부터 받아들이기 어려우시다면 헤어지시는 것만이 답입니다.

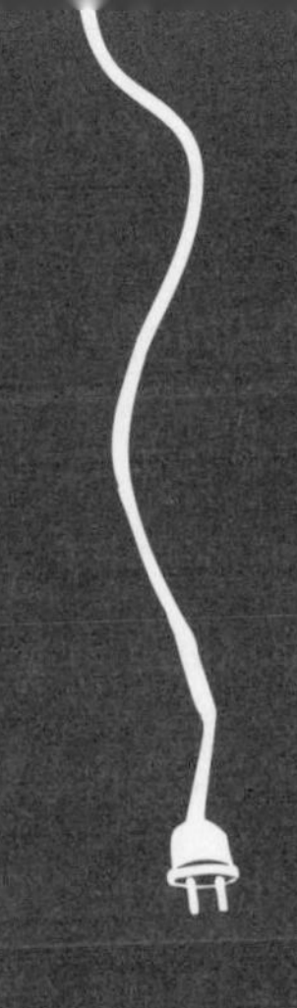

거절할 수 없는
유혹

Q 유부남의 만남 제의를 거절할 수 없어요

저는 남편과 사이가 좋습니다. 남편은 한결같이 절 사랑합니다. 그러나 오래 함께했기에 제가 남편에게 성적으로 끌리진 않습니다.

그런 상황에서 유부남과 사귀게 되었습니다. 처음에 그분은 세상에 뭐라도 다 해줄 것처럼 제게 지극정성이었습니다. 그런데 어느 순간 그분의 마음이 급격히 식은 걸 느꼈습니다. 그분은 부인하지만 제가 느낍니다. 연락을 끊고 며칠씩 지내기도 했습니다. 그때마다 그분은 제게 전화해 사랑한다고 말합니다. 그 말을 들으면 마음이 꺾이고 우린 다시 관계를 가집니다.

그분이 자꾸 저에게 연락하면 거절할 방법이 없습니다. 제가 그를 좋아하기 때문이죠. 하지만 저를 만나는 이유가 단지 섹스를 하기 위해서라고 생각하니 너무나 자존심이 상합니다. 그에게 끌려다니는 저의 이런 모습이 싫습니다. 어떻게 하면 그와 좋은 모습으로 이별할 수 있을까요?

그를 좋아하지 않았던 제 모습으로 돌아가고 싶어요. 제 자존감이 이거밖에 안 되었나 싶네요. 저 혼자 바보처럼 순수한 사랑을 원했나 싶어 눈물이 납니다.

A 이별에 대한 의지를 확실히 하세요

먼저, 만나고 있는 유부남의 심리를 생각해봐야 합니다. 일반적으로 섹스가 결부되지 않았을 때 남자가 하는 '사랑한다'는 말은 믿어도 좋습니다. 하지만 섹스가 결부되어 있을 때 남자가 말하는 '사랑한다'는 '너랑 섹스하고 싶다'는 것과 같습니다. 남자가 "정말 사랑해. 왜 내 마음을 몰라주는 거니?" 라고 말한 후 여자의 마음이 풀려 다시 섹스하게 됐다면, 그 말은 "난 너랑 계속 섹스를 즐기고 싶단 말이야. 어디서 앙탈이니? 내가 이렇게 부드럽게 말해줄 테니 마음 바꾸고 다시 나랑 섹스하자"라는 뜻입니다.

"저를 단지 헐값의 섹스 때문에 만난다고 생각하니 너무나 자존심이 상하고 그에게 끌려다니는 모습이 싫습니다. 어떻게 하면 그와 좋은 모습으로 이별할 수 있을까요?"라고 말씀하셨는데, 저는 문득 궁금해집니다. 나를 섹스 때문에 만나고, 사랑한 적도 없으며, 내 자존심을 상하게 하고, 나를 끌려다니게 함으로써 초라하게 만드는 남자입니다. 그런데 왜 좋은 모습으로 이별해야 하는 걸까요?

좋은 모습으로 이별하고 싶으시다는 건 '난 아직도 그 남자에게 미련이 많아요. 사실은 이별하기 싫어요'와 같은 말입니다. 그래서 제가 더 가혹하게 말씀드리고 있는지도 모릅니다. 정 떼실 수 있도록 말입니다. 남자분 핑계를 대고 있지만, 본인이 끊지 못하고 계시는 것뿐입니다. 모든 연락을 깔끔하게 끊고 한두 번 더 집요하게 오는 대시조차 가뿐하게 무시해버리고 나면 "뭐야? 이 여자?" 하고 자존심 상해 더는 연락하지 않을 남자입니다. 문제는 단 하나, 사연 주신 분의 이별에 대한 의지뿐입니다.

"남편은 한결같이 절 사랑합니다"라고 하셨으니, 이제는 남편분에게 본인이 가지고 있는 외로움, 허전함, 지루하고 맛없는 삶의 느낌을 이야기해주세요. 그리고 당신이 나를 예전처럼 다시 행복하게 해줬으면 좋겠다고 말해주세요. 타박이 아니라 애정이 담긴 부탁으로 말입니다. 그렇게 두 분이 함께하는 시간을 늘리면서 남편을 조금씩 바꿔 나가셨으면 좋겠습니다. 유부남과 헤어지는 가장 좋은 방법은 이렇게 '나의 모든 관심과 애정을 다시 남편에게 돌리는 것'입니다.

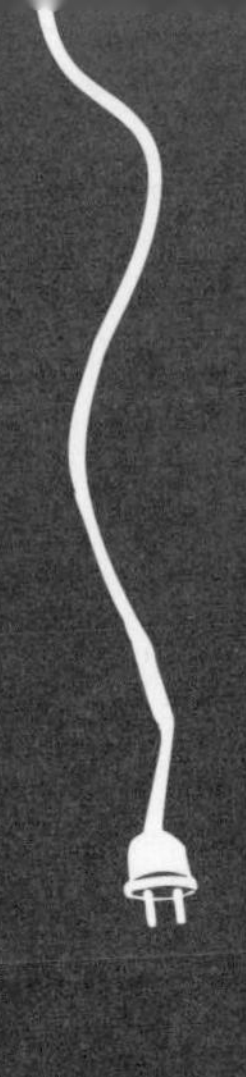

여자친구가
혼전순결을 원한다면…

Q 여자친구가 혼전순결을 원합니다

결혼 생각으로 연애 중입니다. 여친이 혼전순결주의자입니다. 그래서 혼전순결에 관한 내용을 많이 찾아보았습니다. 결론은 혼전순결을 원하는 사람은 누구에게도 휘둘리지 않고 자신이 원하는 대로 순결을 유지해야 하며, 그걸 지켜줄 수 있는 사람이 진정 본인을 사랑해주는 사람이니, 그런 사람을 만나라는 내용 같습니다.

그러나 저 같은 경우는 성관계도 스킨십의 일종이고 정말 사랑하는 사람과는 꼭 필요하고 상당히 중요한 부분이라고 생각합니다. 또한, 결혼해서는 이혼 사유가 될 정도로 의무적이고, 실제 속궁합이나 잠자리가 맞지 않아서 섹스리스가 되거나 이혼하는 예도 많다고 알고 있습니다. 즉, 잠자리에 문제가 있거나 이해 못 할 취향이 있는 등 심각한 경우라면, 결혼을 다시 고려해봐야 한다고 생각합니다(남녀 모두 해당). 실제로 결혼은 현실이고 사랑하는 마음만 가지고 하는 것은 아니니까요.

진정 결혼할 정도로 사랑하지 않는다고 하면 할 말이 없겠지만, 사랑하기 때문에 자고 싶은 것이고, 사랑하기 때문에 갖고 싶은 것이라 봅니다. 전 상대를 보면 불타오르고 정신적인 사랑뿐만 아니라 육체적인 사랑도 불같이 하는 관계가 되고 싶은데, 여친은 결혼 전에는 절대 안 된다고 합니다. 그럼 전 사랑한다는 이유로 결혼 때까지 여친을 지켜줘야 하나요? 그게 진실한 사랑의 증거라고 하신다면 지켜줄 수 있습니다.

그렇게 결혼을 하고 나서 정말 심각할 정도로 맞지 않는다면, 그래서 노력으로도 쉽지 않겠다는 판단이 든다면 그땐 이혼하거나 섹스리스가 되는 건가요? 물론 맞지 않는다고 노력과 배려를 안 하겠다는 의미는 아니지만, 많은 섹스리스 부부가 있고 잠자리로 말미암아 이혼하는 부부들이 존재하기에 저 역시 예외가 될 것이라는 장담은 못하겠습니다.

사실 이 부분으로 여친과는 작은 마찰이 있었으나, 제가 이해해주고 지켜주는 것으로 결론을 내렸습니다. 저도 싫다는 사람을 억지로 설득시켜가면서 강제로 하고 싶지는 않거든요. 다만, 제가 언제까지 참고 지켜줄 수 있을지가 걱정입니다(못 참을 경우 여친과 강제로 하겠다는 게 아니라 헤어지는 것이 되겠지요).

그렇다면 넘치는 성욕은 어떻게 해소해야 하는지요? 자위나 성매매로 가는 것인가요? 또한, 그렇게 저한테 확신이 없는 사람과 결혼하는 게 의미가 있을지요. 마지막으로, 결혼해서 성관계 시 서로에게 불만족스럽다면 후회하지 않을까요?

A 서로의 발걸음을 맞춰가야 합니다

사연을 요약하면, '결혼해서 성적으로 맞지 않으면 섹스리스가 되거나 불행해질 것이니 결혼 전에 확인하고 결혼해야 하는 게 현명한 행동 아닌가요?'인 것 같습니다.

맞습니다. 결혼이라는 것은 단순히 '함께 산다'는 의미 외에도 가족과 가족이 관계를 맺는다는 의미도 있으며, 사랑의 증거로 태어나는 새 생명을 갖는다는 의미도 있어서 가능하면 사전에 확인할 것들을 모두 확인한 후에 진행하는 것이 좋습니다. 사랑은 이상이지만 결혼은 현실이며, 이혼한다는 것의 무게감은 단순히 연인이 헤어지는 것과는 차원이 다르니까요.

다만, '효율성'을 추구하는 이런 가치들은 배우자가 '혼전순결'을 원할 때는 의미가 없어집니다. 내가 사랑하는 사람이 진정으로 소중하게 생각하는 것은 효율성이 아니라, 사랑하는 사람에게 본인의 가장 소중한 것을 주고 싶다는 가치관입니다. 또한 그 가치관 속에는 비록 결혼 후의 관계가 비효율적이어도 내 사랑은 변하지 않는다는 믿음과 자신감이 있습니다.

그렇다면 사연 주신 분은 어떠신지요? 여쭤보겠습니다. 결혼 전에 연인을 설득해서 미리 섹스를 해봤다고 가정하고, 만약 속궁합이 안 맞으면 어떡하실 건가요? 헤어지실 건가요?

만약 이 질문에 "네, 당연하죠"라고 대답하신다면, 사연 주신 분의 가치관 속에는 사랑하는 그녀보다는 섹스가 더 크게 자리 잡고 있다고 보셔도 무방합니다. 그렇다면, 굳이 그 분을 설득하려고 노력하지 마시고 그 가치관에 맞는 여성을 만나시는 게 서로 덜 불행해지는 방법입니다. 오해하지 않으셨으면 좋겠습니다. 절대 그 가치관을 비난하는 것이 아닙니다. 가치관이 맞는 사람과 맞지 않는 사람이 분명히 있으니 맞는 분을 찾는 것이 혼전순결을 고수하는 여자친구와 섹스하는 것보다 훨씬 '효율적'이라는 뜻입니다.

만약 이 질문에 "아니요, 사랑하니까 함께 극복할 수 있도록 노력해봐야죠"라고 대답하신다면, 그 노력은 결혼 후에 하셔도 좋습니다. 사랑하는 사람의 가치관도 지켜주고, 사랑도 확인하며, 함께 노력하는 과정에서 동지애까지 만들 수 있는 일석삼조의 기쁨이 있답니다.

마지막으로 해결해야 할 문제는 '나의 넘치는 성욕'이겠죠? 진솔하게 사랑하는 분에게 고백하고, 삽입 섹스 이외의 다른 방법으로 성욕을 해결해달라고 부탁하세요. 오랄섹스나 대신해 주는 자위 등 혼전순결을 지키면서도 두 분이 성적 쾌감을 경험하는 방법은 얼마든지 있으니까요.

처음에는 여자친구분이 거부감을 느낄 수도 있습니다. 하지만 서로가 정말 사랑하고 현재의 관계를 유지하고 싶다면, 나아가서 결혼을 생각하고 있다면 진지하게 설득을 해야 합니다. 여자친구분에게도 묻고 싶습니다. 혼전순결을 지키고자 하는 마음이 남자친구를 사랑하는 마음 중 무엇이 더 중요한지 말이죠.

살다 보면 나를 제외한 세상 전체가 다른 가치관을 지니고 있는 것 같다고 느낄 때가 있습니다. 그럴 때 가장 중요한 것은 '나의 신념'입니다. 인간은 누구나 자신만의 철학이나 가치관을 지니고 있습니다. 심리학에서는 이것을 '신념'이라고 부릅니다. 신념은 '나'를 나답게 만드는 역할을 합니다. 다른 사람과 구별되는 '나'라는 정체성을 만들어주는 소중한

녀석이죠. 굳이 거창하게 문장이나 이론으로 확립해놓지 않았더라도, 느낌만으로 이건 아니다, 이건 맞다 판단이 들면 그게 바로 나의 신념입니다.

'신념'에 정답은 없습니다. 다수가 같은 생각을 한다고 그것이 정답인 것도 아니며, 앞서 인생을 살아간 분이 말한다고 모두 정답도 아닙니다. 물론 개인적인 판단으로 '모범답안'처럼 제시될 수는 있지만 말입니다.

살면서 행동과 신념이 부딪치면 우선 신념의 편에 서는 것이 바람직합니다. 그렇게 그 상황이 지나가고 난 후, 내가 가진 신념에 조심스럽게 물음표를 달아보는 것입니다. 과연 나는 이 신념으로 행복한가. 이 신념이 나를 보호해주고 있는가. 이 신념이 나를 제한하거나 옭아매고 있는 것은 아닌가. 이 신념이 잘못된 정보의 입력으로 생성된 것은 아닌가. 수많은 질문과 그에 대한 답을 확인하는 과정에서 나의 신념은 더욱 확고해질 수도 있고, 산산이 부서져 새롭게 구성될 수도 있습니다. 그 과정에서 조금은 아플 수도 있겠죠.

외부의 자극으로부터 나를 지키고 '나다움'을 유지해야 하는 이 신념이 종종 어이없게도 자기 자신을 공격합니다. 마치 외부 병균으로부터 나를 보호하기 위하여 내 몸에 구축

된 '면역시스템'이 어느 날 정신이 나가 내 몸을 공격하는, 류마티스 관절염이나 갑상선 질환, 아토피성 피부염 같은 자가면역질환과 같다고 생각하시면 됩니다. 자가면역질환은 치료가 쉽지 않습니다. 내 몸이 나를 공격하는 것이니까요. 하지만 내 몸의 면역체계를 약화시키면 다소 증상이 나아지게 됩니다. 면역체계가 원인이기 때문입니다. 임신이 되면 엄마의 몸은 배 속의 아이를 외부에서 침입한 존재로 인식하지 않으려고 스스로 면역반응을 낮추게 됩니다. 따라서 임신하면 원래 갖고 있던 자가면역질환이 호전되는 놀라운 경험을 하게 됩니다.

'결혼하기 전에 성관계는 절대 안 돼.' '나는 10년, 20년이 걸리더라도 사법 시험에 합격해야 해. 안 그러면 난 아무짝에도 쓸모없는 쓰레기가 되는 거야.' '부인이 남편에게 아침밥 해주는 건 당연한 거 아니야? 안 그러는 여자랑은 이혼하는 게 낫지.' 이런 신념들은 종종 그 내용이 부정적이건 긍정적이건 나의 행동과 심리 상태를 결정해버립니다. 따라서 이런 신념을 지닌 분이 신념과 반대되는 상황을 만나면 마음이 괴로워집니다. 더군다나 절대 그 상황을 벗어날 수 없다면 더더욱 힘들 수밖에 없습니다.

하지만 가만히 들여다보시면 그 '괴롭고 힘든 상황'은 나의 신념, 즉 '내'가 만든 것입니다. 따라서 신념이 나를 공격할 때 가장 좋은 대안은 그 신념을 다른 것으로 바꾸는 것입니다. 애초에 내가 만든 것이니 바꾸는 것도 내가 할 수 있습니다. 해발 고도 9천 미터에 육박하는 에베레스트 산봉우리도 오르는 것이 인간의 위대함입니다. 어떤 사람은 바닥에 떨어진 음식을 더럽다고 그냥 버리지만, 어떤 사람은 후후 불어서 먼지를 털어내고 먹기도 합니다. 그 사람이 가진 신념에 따라 행동이 달라지는 것입니다. 신념을 지키는 것은 물론 중요한 일입니다. 하지만 절대적인 것은 없습니다.

만약 남자친구분이 혼전순결의 가치관을 지켜주는 데도 여자친구분이 이런 노력조차 하려 하지 않는다면, 그때는 진지하게 고민해보실 필요가 있습니다. 여자친구분이 남자친구와 혼전순결 가치관 중 어느 것을 더 소중하게 생각하는지 말입니다. 그 결론에 따라 이번에는 남자친구분이 그녀를 떠나는 결정을 해야 할지도 모르겠습니다.

부부이기에
반드시 지켜야 하는 것

Q 배려 없는 성관계에 비참해져요

저와 남편은 겉으로 보면 잉꼬부부입니다. 남편도 그렇게 생각합니다. 남편은 자상한 편이며 성실한 모범 가장입니다. 남편과는 술도 같이 마시기도 하고 대화도 꽤 하는 편입니다. 정말 다른 문제는 없고 있더라도 맞춰가면서 해결할 수 있는데 부부 관계만은 잘 안되네요.

남자의 몸은 여자와 다르니 그래도 제가 안 맞춰주면 어디 가서 풀까 싶어 참고 맞춰주었지만 가끔은 그러기가 정말 싫네요. 저는 남편과 섹스를 안 하고 살면 행복할 거 같습니다. 남들은 일주일에 3~4번 한다고 하면 부러워할지도 모르지만 저는 정말 고통입니다.

사실 저는 행복한 섹스를 하고 싶습니다. 애무도 본인이 흥분하기 위한 게 아닌 저를 위한 애무였으면 좋겠다 싶고, 본인이 하고 싶을 때 무슨 숙제를 하듯이 해치우는 게 아니라 분위기가 무르익었을 때 자연스럽게 했으면 좋겠습니다.

물론 남편에게 조심스럽게 저는 어떨 때가 좋고 어떻게 해주면 좋은지 얘기한 적도 있습니다. 근데 본인의 의지가 말을 안 듣는다고 합니다.

마음 안 내켜 거절하면 자존심 상한다고 오랫동안 삐쳐서 제가 맞춰주지만 정말 하기 싫습니다. 난 안 하고 살아도 되니 그냥 바람을 피워 다른 여자랑 하고 왔으면 좋겠습니다. 늙어서도 이래야 하는 거 아닐까요? 도대체 몇 살까지 이렇게 해줘야 할까요? 남자들은 몇 살까지 성욕이 있나요? 정말 숟가락을 들 힘만 있으면 하려고 하나요? 남편은 남편대로 불만인지도 모르겠습니다. 남편이 하고 싶어 하면 안기고 만져주고 입으로도 해주고 맞춰줘야지 왜 나무토막처럼 뻣뻣하게 있느냐고.

더 참기 어려운 건 이렇다면 늙어서도 계속 이래야 하는 거 아닐까 하는 거지요. 가끔은 제가 도구가 되어 버린 것 같아 비참하기도 하고 슬프기도 합니다. 우리 남편은 정말 저의 심정을 모를까요? 남편한테 물어보고 해결해야 할 문제를 왜 치아님께 여쭤보는 것인지 모르겠네요.

이 세상에 많은 부부가 사는데 모든 점에 만족하며 살 수는 없는 거겠지요? 그렇다면 섹스는 부부 생활에서 비중을 얼마나 차지하는 걸까요? 제가 느끼기에 남편은 90% 이상인 것 같습니다만 저는 10% 정도밖에 안 되는 것 같은데 이 큰 차이를 어떻게 줄여야 할지 모르겠습니다. 그냥 답답하기도 하고 제가 어떤 마음을 가지고 살아야 하는지, 제가 이해를 못 하는 건 아닌지 궁금하기도 합니다. 남들도 다 그렇게 사나요? 이 문제 외에 다른 문제가 없으니 감사하며 살아야 하는 걸까요? 남편에게 솔직하게 다 말해야 할까요?

A 함께 배워가는 과정이 필요합니다

하기 싫은 일을 억지로 해야 할 때만큼 무기력해지고 짜증나고 자신에게 화가 나는 일도 없을 것 같습니다. 인생의 원칙이야, 하고 싶지 않으면 하지 않는 것이 건강하게 사는 것이겠지만 그럴 수 없는 일들이 종종 있죠. 먹고살기 위해서 어쩔 수 없이 무거운 몸 이끌고 출근하는 직장도 그럴 테고, 손톱만큼도 하고 싶지 않은데 '부부 관계 유지'라는 대의명분을 위하여 해야 할 때도 마찬가지일 것입니다.

가장 큰 원인은 남편분에게 있습니다. 무엇이건 하고 싶을 때 해야 행복한 법이니 당연히 섹스도 내가 하고 싶다면 상대방도 하고 싶게 만들어야 합니다. 그러기 위해서 남편분이 해야 하는 일들을 아내분은 이미 잘 알고 있습니다. "애무도 본인이 흥분하기 위한 게 아닌 저를 위한 애무였으면 좋겠다 싶고, 본인이 하고 싶을 때 무슨 숙제를 하듯이 해치우는 게 아니라 분위기가 무르익었을 때 자연스럽게 했으면 좋겠습니다." 너무도 당연한 이 사실을, 일부 남성이 하지 않는 것은 주로 '모르기' 때문입니다. 물론 이미 말씀도 해 보신 것 같지만, 남편분은 아내분의 이야기를 진지하게 고민하며 듣지 않으신 것 같습니다. 불수의근을 움직이는 게 아니라면 나의 의지가 말을 안 듣는 일은 없습니다. 그저 본인이 할 의지가 없거나 귀찮은 것뿐이겠죠. 섹스를 잘못 배우셔서 그렇습니다. 그저 삽입하고 왕복 운동하다가 사정하는 것이 섹스의 전부라고 알고 계시니, 그 외에 다른 무언가를 원하는 아내분을 이해하는 것도, 자신만큼 섹스를 좋아하지 않는 아내의 마음에 공감하는 것도 불가능하신 것입니다.

이러한 상황이 계속되면 여성분에게는 불감증이 오게 되고, 그로 인해 섹스리스 부부가 될 수도 있는 겁니다. 여성 불감증이 그저 타고난 것이라고 착각하지만 사실 절반은 남자의 책임입니다. 서로의 관계를 회복하기 위해서는 몇 가지 사실을 인지해야 할 필요가 있습니다.

여성 불감증 책임의 절반은 여성에게 있으며, 극복의 가장 좋은 방법은 여성 스스로 열린 마음을 가지고 자신의 성감대를 개발하여 성관계의 기쁨을 알아가는 것입니다. 하지만 이는 여성 본인이 문제의식을 느낄 때 가능한 방법이라서 배우자가 무조건 요구한다고 실현되는 방법이 아닙니다. 그리고 여성 불감증 책임의 나머지 절반은 배우자에게 있습니다.

배우자의 책임에는 부드럽고 자상하며 정성이 담긴 애무와 성 지식의 부족, 잘못된 삽입 스킬, 발기부전이나 조루 같은 섹스와 직접적으로 연관된 책임도 있지만 사실 더 큰 것은 간접적인 책임, 즉 '사랑과 배려의 부족'입니다.

여성은 남성과 신체적으로 매우 다릅니다. 남성은 신체적인 자극만으로도 충분히 흥분하지만, 여성은 대개 마음이 가지 않으면 흥분되지도 않습니다. 그리고 여성의 마음을 움직이는 것은, 단순한 클리토리스 자극 스킬이 아니라 '이 사람이 나를 진짜 사랑하고 있구나' '이 사람이 진심으로 나를 배려하고 있구나' 하는 느낌입니다.

'사랑과 배려'라고 해서 섹스할 때의 애무 방법이나 분위기, 장소, 음악 등만 생각하셨다면 이 또한 주파수가 완전히 틀렸습니다. 당신을 위해 준비했다며 건네는 소박한 선물, 힘들지만 어렵게 시간을 쪼개서 해주는 설거지나 집 청소, 온종일 힘들었을 거라는 위로와 정성스러운 안마, 시댁만큼 신경 써주는 친정의 대소사, 하루쯤 육아를 책임지겠다며 보내주는 휴가 겸 여행 같은 것입니다. 작고 사소하지만, 사랑받고 있다는 느낌을 주는 말과 행동들입니다.

진심으로 아내를 사랑하는 마음이 우러나서 행동하지 않으셔도 됩니다. 단지 '아내를 섹스하고 싶게 만드는' 지극히 전략적인 목적이라도 상관없다는 뜻입니다. 어찌 됐건 아내분이 행복해지면 섹스를 대하는 태도도 달라질 테니까요. 내가 사랑하는 여성이 불감증이라면 그 절반의 책임은 내게 있다는 사실을 긍정적으로 고민해보셨으면 좋겠습니다.

두 분 모두 노력해보셨으면 좋겠습니다. 남편분께서 이런 노력을 해야 합니다. 일방적인 넋두리나 비난하지 않는다면 남편분도 귀담아들어 주실 것입니다. 남편분은 아내분을 더 행복하게 만들 방법을, 아내분은 내가 더 섹스를 좋아할 방법을 두 분 모두 공부를 통해 배우고 익히는 것입니다. '나도 좀 더 적극적으로 좋아해 보려 노력할 테니, 당신도 나를 행복하게 해줄 방법을 공부해 달라'고 하시는 것입니다.

징징거리는 남편을 윽박질러 성매매라도 하라고 내치는 일이나, 비참하게 참으면서 앞으로도 종종 몸만 대주거나, 그러다 서로 소 닭 보듯이 하며 황혼 이혼으로 치닫는 것보다는 그나마 해 볼 만한 건강한 대안이 아닐까 조심스럽게 권해드립니다.

여자친구의 과거를 알고
잠을 못 이룹니다

Q 여자친구의 과거가 신경 쓰입니다

저는 혼전순결주의자인 남자입니다. 여자친구 또한 혼전순결주의였지만, 전 남자친구에 의해 성관계를 가졌습니다. 저는 여친의 과거가, 그리고 미래가 신경이 쓰입니다. 세상 사람들은 이런 저를 보며 찌질하다, 속이 좁다, 남자답지 못하다라고 말할 수 있습니다. 저 또한 때로는 별것도 아닌 일에 신경을 쓰며 심력을 낭비하는 것 같다고 느낄 때가 있습니다.

현재 여친을 이해하기 위해 심리상담도 받고 스스로 마인드 컨트롤도 많이 하고 있습니다. 가치관 또한 바꾸려고 하고요. 사랑은 소유가 아니라 공유라는 말을 듣고 그렇게 생각하려고 합니다. 하지만 소유하지 않으려 할수록 저는 그녀에게 거리를 두려고 하는 것 같습니다. 상대를 이해하며 더욱 가까워져야 하는데 오히려 점점 더 멀어지고 있음을 느낍니다.

여러 가지로 노력을 하고 있기에 감정적으로는 욱하지 않습니다. 하지만 그녀가 딴 사람과 잤다는 사실이 제 머릿속에서 떠나질 않습니다. 과거의 관계를 연상시키는 단어를 들을 때마다 생각나고 미래에도 그녀가 딴 사람하고 잤다는 사실이 계속 생각날까봐 무섭고 두렵습니다.

과거는 제가 아무리 노력해도 바뀌지 않는다는 것에 좌절을 느낍니다. 결국 방법은 제 생각을 바꾸는 것뿐임을 모르지 않지만, 머리로 이해하는 것과는 달리 마음은 그녀의 과거를 받아들이지 못하고 있습니다. 이런 게 사랑이라면 저는 눈물과 고통, 고난이라고 하고 싶습니다. 무조건적인 성숙한 사랑을 하지 못하는 제가 스스로 너무 한심합니다.

너무 힘들고 지쳐서 헤어질 생각도 여러 번 하고 혼전순결을 지킨 다른 여자를 만날까도 생각했지만, 막상 여자친구를 보면 또 그럴 마음이 사라집니다. 진짜 대단하다 싶을 정도로 저의 모든 것을 사랑해주는 여자, 과거만 아니면 바로 결혼하고 싶은 그런 여자입니다. 그런 그녀를 보면 행복하면서도 그녀의 과거를 잊어주지 못하는 제 자신이 너무 한심합니다. 모든 걸 사랑해주지 못하는 제가 진짜 죽을 만큼 싫습니다.

이 고통 또한 지나갈 거라고, 성숙하는 과정일 거라고, 나이가 들면 과거 따위는 신경 안 쓰게 된다는 생각으로 하루하루를 버티고 있습니다. 고난을 버티면 더 좋은 행복과 사랑이 온다는 말을 굳게 믿고 버티고 있습니다. 하지만 그녀가 다른 남자와 잤다는 사실이 자꾸 떠오르는데 정말 행복할 수 있을까요? 지나간 육체적인 관계는 의미가 없다지만, 그 사실 자체가 저를 너무 힘들게 합니다. 그녀의 과거를 알고서 함께 살아갈 자신이 없습니다.

한편으로는 이 여자가 아니면 다시는 순수한 사랑을 못할 것 같고 이 여자가 아니면 결혼할 생각을 다시 갖기 힘들 것 같습니다. 저를 이렇게 생각하고 사랑해주는 여자를 또 만날 수는 없을 겁니다. 헤어짐을 생각하는 자신이 너무 한심하고 마음이 조금씩 멀어지는 제가 너무 싫고 무섭습니다. 제 사고방식을 너무 바꾸고 싶어요. 그냥 그 사실을 잊고 싶습니다.

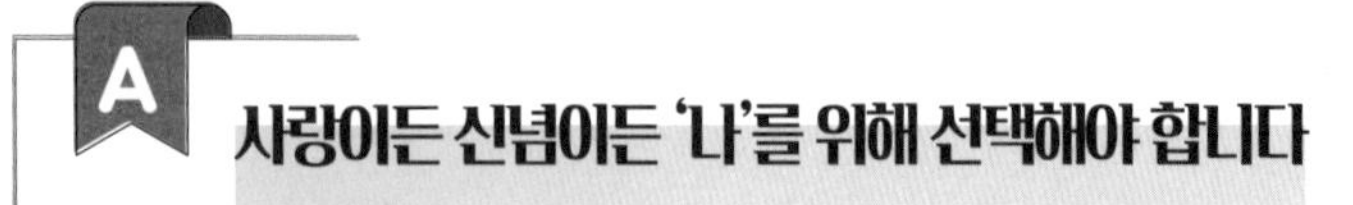

A 사랑이든 신념이든 '나'를 위해 선택해야 합니다

많은 연인이 '사랑'에 대해 대표적으로 착각하고 있는 것이 하나 있습니다. '사랑'이 곧 그 사람의 '전부'를 소유하는 것이라는 생각입니다. 오늘부터 두 사람이 연애를 시작한다면 두 사람이 공유할 수 있는 시간은 정확히 '오늘' 이후부터입니다. 만나기 이전이나, 헤어진 이후의 시간과 경험은 모두 오로지 개인의 것일 뿐입니다. 이 원칙이 깨어지는 순간 두 사람에게는 '불행'이 시작됩니다. '사랑'이라는 탈을 쓴 '집착'이 시작되기 때문이죠.

'여자는 결혼까지 '순결'을 유지해야 한다'라는 가치관이 잘못된 이유는, 그 내용이 시대에 어울리지 않거나 상식적이지 않아서가 아닙니다. 자신의 가치관으로 상대의 가치를 평가하는 대표적인 오만함이기 때문입니다.

반대로 자신의 남자친구나 남편이 과거에 성매매를 한 경험이 있다는 것을 알고 상대를 용서하지 못하는 경우를 종종 봤습니다. 성매매 업소에서 성욕을 해결하는 것이 결코 잘한 행동은 아니며, 친구들 핑계를 대더라도 그곳에 간 본인의 의지와 호기심은 절대 변명으로 가려질 수 없습니다. 다만, 만나기 전의 일이기에 그건 오로지 본인이 깨닫고 본인이 성찰할 문제입니다. 아무리 사랑하는 사람이라 하더라도, 자신을 만나기도 전에 있었던 상대의 가치관과 행동까지 평가할 권리는 없습니다.

다행인 것은 사연을 주신 분께서 '사랑은 소유가 아니다'라는 것을 인식하고 계시다는 점입니다. 우선 세상 사람들이 할지도 모른다고 했던 '지질하다, 속이 좁다, 남자답지 못하다' 같은 말을 듣더라도 무시하시는 게 좋겠습니다. 세상이 내 마음의 고통을 알까요? 그들이 과연 내가 그녀를 죽을 만큼 사랑하면서도 내가 가진 신념 때문에 괴로워하는 내 아픔을 손톱만큼이라도 이해할까요? 그것도 모르면서 일방적이고 무조건적으로 해오는 비난은 가차 없이 무시해버리시면 됩니다. 세상의 주인공은 '나'이니까요.

'신념'은 쉽게 무너뜨릴 수 있는 것도 아니고, 무너뜨리겠다고 마음먹는다고 해서 쉽게 무너지는 것도 아닙니다. 왜냐하면, 신념은 내가 살아온 삶의 시간만큼 내 안에 켜켜이

쌓여 두꺼운 지층을 형성하고 있으며 때로는 내가 살아가는 이유가 되어주기도 하기 때문입니다. 신념이 나이고 내가 곧 신념이니, 신념을 부정한다는 것은 곧 나를 부정한다는 것입니다. 결코, 간단한 일이 아닙니다.

다만, 저는 종종 신념이 무너지는 경우를 보곤 했는데, 신념을 무너뜨리는 주체는 대부분 '사랑'이었습니다. 정말 놀랍게도 사랑은 신념을 한순간에 너무도 쉽게 무너뜨리곤 하더군요. 그때 저는 '아, 이래서 사랑이 위대하다고 하는 거구나' 하고 생각했습니다. 사연 주신 분이 제발 '아픔과 고통, 자학'에서 벗어나셨으면 좋겠습니다. 그리고 '나'는 더 이상 나 자신을 괴롭히지 않고 그런 것들에게서 벗어나게 해야 하는 의무가 있습니다. 그런 점에서 무척 아프시겠지만, 이제 선택을 하셔야 합니다.

정말 그토록 소중한 사람이라면 사랑의 힘으로 신념을 버리시기 바랍니다. 가만히 생각해보시면 신념은 살아 움직이는 생물이 아닙니다. 그 신념을 부여잡고 있는 손을 바라봐주세요. 다름 아닌 '내 손'이라는 깨달음이 오실 것입니다. 그래서 내가 버려야겠다고 작정하면 힘들겠지만 언젠가는 버릴 수 있습니다. 고통스러운 과정이겠지만 견디며 그녀의 곁을 지키다 보면 언젠가는 반드시 신념이 희미해질 수 있습니다.

하지만, 정말 죽어도 신념을 버릴 수 없고 마치 내 의지와 별도로 살아 숨 쉬는 생물처럼 지속적으로 나를 괴롭힌다면, 그리고 그 고통이 숨을 쉬기 힘들 만큼 괴롭다면 그땐 정말 어쩔 수 없습니다. 연인과 헤어져야 합니다. '이런 사람 다신 못 만날까 걱정됩니다'라고 생각하지 않아도 됩니다. 반드시 좋은 사람을 만나게 될 겁니다.

중요한 건 단 하나입니다. 어느 쪽을 선택하건 '나'는 나를 고통에서 벗어나게 할 '의무'가 있습니다. 세상에서 가장 중요한 것은 '나'입니다.

언플러그드

초판 1쇄 발행 · 2020년 8월 31일

지은이 · 상담사 치아
펴낸이 · 김동하

책임편집 · 김원희
기획편집 · 양현경
온라인마케팅 · 이인애

펴낸곳 · 책들의정원
출판신고 · 2015년 1월 14일 제2016-000120호
주소 · (03955) 서울시 마포구 방울내로9안길 32, 2층(망원동)
문의 · (070) 7853-8600
팩스 · (02) 6020-8601
이메일 · books-garden1@naver.com
포스트 · post.naver.com/books-garden1

ISBN · 979-11-6416-065-5 (03190)

· 이 도서의 국립중앙도서관 출판예정도서목록(CIP)은 서지정보유통지원시스템 홈페이지(http://seoji.nl.go.kr)와 국가자료공동목록시스템(http://www.nl.go.kr/kolisnet)에서 이용하실 수 있습니다. (CIP제어번호: CIP2020034521)